自治・分権と市町村合併

編・著 四日市大学地域政策研究所
　　　　教授 丸山 康人

イマジン出版

はじめに

　ここ数年、市町村合併を進めようという動きが非常に活発である。さらに、こうした動きは、「聖域なき構造改革」を掲げる小泉政権の誕生を契機として加速化しているようである。とはいっても、多くの市町村が合併に向けて自発的に動いているわけではない。言い換えれば、自主的な判断で合併が必要であると考え、合併の実現に向けて、積極的に動いている市町村はあまり見受けられない。もちろん、西東京市やさいたま市のように、自主的に合併を実現したところもある。しかし、こうした市町村は、少なくとも今のところは、まだ例外的な現象である。多くの市町村は、合併に動いているとしても、その動きは受身の姿勢ということができる。

　これに対して、中央政府レベルでは市町村合併に積極的な姿勢を示すものが多い。国会でも市町村合併を強行に主張する議員・政党があり、また、首相も市町村合併をするべきであると強調している。総務省は合併を進めるという目的のもとに、地方交付税などの恩恵を与えるという「アメ」をぶらさげて市町村を誘惑しているし、都道府県も、総務省の意向を受けて、具体的な合併の構想を打ち出している。

　これらの総務省・都道府県の影響を受けて、最近では、かなり多くの市町村が、合併を目指して動き始めたようである。総務省がぶらさげている「アメ」が期限付きということもあって、その期限がくる前に合併に持ち込みたいという「焦り」を持っている市町村も少なくないように思える。

　このような状況からいえば、いまの市町村合併の動きはあまり感心しない現象ということができる。事実、今回の合併の動きを批判的にみるものは多い。しかし、中央政府レベルで合併が強調されているのは、それなりの理由があるからである。この点の検討を抜きにして、合併を否定したり、批判したりするのは問題というべきであろう。

　中央政府レベルで合併を強調している最大の理由は財政危機にあるといってよい。現在、ほとんどの市町村は、中央政府から交付される地方交付税や国庫支出金を主要な財源として、組織を維持し、行政サービスを展開しているが、この地方交付税や国庫支出金は実

はじめに

際には借金でまかなわれているという財政危機である。言い換えれば、中央政府には、実際上は、市町村に財源を交付する余裕がないにもかかわらず、それを交付しているのであるが、こうした状況を改善するためには、市町村経営の合理化、すなわち合併をしてもらわなければならないという認識のもとに、合併を勧めようとしているわけである。

これは、市町村の立場から言えば、はなはだ勝手な言い分ともいえる。借金を積み重ねたのは、市町村ではなく、中央政府であるからである。したがって、中央政府の合併の働きかけにしたがう必要はないともいえるが、一方では、これまで、ほとんどの市町村が中央政府に保護してもらってきたことも確かである。市町村を運営するための財源を市町村自身が工面する必要はなく、中央政府によって助けてもらってきたのである。その保護者である中央政府がいま財政的に危うくなり、その結果として、市町村合併、すなわち規模の拡大による効率的な運営を要請してきたという点については、各市町村とも真剣に考える必要があろう。

要するに、市町村は中央政府からできるだけ自立する道を歩まなければならなくなってきたわけであるが、これは容易なことではない。財源をどのようにして入手するかを市町村の職員が自分で考えなければならず、また、支出を可能な限り抑えなければならない。とはいっても、必要なところには支出しなければならず、その財源の調達についても、市町村の職員が自ら工夫し、決定しなければならない。住民のニーズもしっかりと把握する必要がある。その上で、財源を効率的に使う必要があるわけであるが、こうした能力を現在の市町村の職員は持っているのであろうか。おそらく、そうした職員がいたとしても、残念ながら、その数は非常に少ないのではなかろうか。

また、これまでの市町村は、どういう仕事をするかについても、中央政府の指示にしたがうことが多かった。実質的には、政策は中央政府が策定し、それを都道府県・市町村が実施するという仕組みになっているといえるほどであるが、こうした仕組みも、今後は、変えていくことが必要である。これは、2000年4月に実施された地方分権一括法によって定められたところでもあるが、中央政府が財政的に行き詰まり、市町村ができるだけ自立しなければならなくなっているということからいえば、この改変は一層必要である。すな

わち、市町村は自分自身で政策を策定し、それを実施し、さらにその評価を自分自身でする必要がある。しかし、多くの職員は、先例にしたがって、あるいは通達や通知にしたがって、さらには、都道府県や中央省庁の指示にしたがって仕事をしてきたため、自分で仕事の目的や効果を考えることに慣れていないといってよいであろう。

こうした職員にいきなり仕事の仕方や内容を変え、効率的・効果的に仕事をするべきといっても、これは無理な話である。また、現在の市町村の組織も、多くの場合、効率的・効果的に仕事をするような仕組みになっていないといってよい。財源の面でも、また、仕事を遂行する面でも、市町村ができるだけ自立しようとすれば、そのように組織を変革する必要があり、また、職員の能力アップをはかる必要があるといわなければならない。

小さな市町村の場合、こうした変革が可能であろうか。小さな市町村の職員は、一般には、優秀な職員であればあるほど、1人で多くの仕事をこなしているということが多い。大きな都市の数人分の仕事を1人で処理しているわけであるが、このような職員の能力アップをはかることができるであろうか。おそらく、研修を受ける時間的余裕もなく、また、日常の業務に忙殺されて、自分で勉強する時間もないのではなかろうか。職員の能力アップがなければ、組織改革もできない。組織改革は、市町村ができるだけ自立するためのもの、いわば「自治」を拡充するために必要なものである。言い換えれば、中央政府や都道府県の指示にしたがった改革では役に立たない。地域のニーズに合わせて、市町村の職員が自らの工夫で改革することが必要なのである。

ということからいえば、小さな市町村は、職員の能力アップのために、合併を検討することが必要といえる。職員に研修の機会を与えたり、研究の時間をあたえようとすれば、職員数に余裕が必要であり、そのためには、規模の拡大、すなわち合併が必要といえるからである。また、合併によって規模が拡大すれば、それだけ財政基盤が強くなることも確かであろう。したがって、少なくとも「自治」の拡充を考える場合には、市町村合併はどうしても検討しなければならない課題といえる。

合併すれば、それだけで職員の能力が上がるということではない。合併をし、それと同時に適切な対応をすれば、職員の能力をアップ

はじめに

できる可能性があるというだけである。したがって、合併を考える場合には、合併までの手続きだけではなく、合併後の対応、たとえば組織をどうするか、職員の能力アップをどうはかっていくか、「自治」拡充のための組織にしていくために、どのような準備をしておくか、なども検討しておかなければならない。これらがセットになってはじめて合併を検討する価値があるというべきである。

また、市町村合併によって、市町村の規模が拡大すると、住民と役所の距離が遠くなるという問題もある。住民を代表する議員の数が減ることも必然である。これは住民自治という面から、あるいは民主主義という面からいえば、非常に大きな問題といわなければならない。合併を検討する場合には、この点を慎重に考える必要があるのはいうまでもない。

もっとも、住民自治という側面から市町村の運営をみる場合には、いまの市町村でも大きすぎるといえる。ということからいえば、合併をきっかけにして、もっと狭域の自治組織を考えることも可能である。合併の検討が、住民自治を拡充する大きなチャンスとなるかもしれない。また、そうでなければ、合併は住民自治をいま以上に阻害するものとして、否定しなければならないというべきである。

要するに、市町村合併は、これからの市町村の運営を考える場合には、どうしても検討しなければならない課題であるが、その検討は組織の変革や職員の能力アップ、さらには住民自治とセットにするものでなければならない。これを抜きにした市町村合併の検討は無意味といっても言い過ぎではない。少なくとも、それは「自治」拡充のための合併ではない。

本書はこのように「自治」あるいは「分権」といった点に焦点を合わせ、その観点から市町村合併をみていこうとするものである。総務省が進めようとしている市町村合併とは、かなり焦点の合わせ方が違うともいえるが、これからの市町村の運営にはこうした分析が不可避であると信じている次第である。

平成13年10月

丸山　康人

目　　次

はじめに …………………………………………………………………… 3

目次 ………………………………………………………………………… 8

第1部　いまなぜ市町村合併なのか ………………………………… 15

第1章　地方分権の流れと市町村合併 ………………………………… 17

1　市町村合併と市町村職員 ……………………………………………… 17
　　主体的な市町村合併の検討を ………………………………………… 17
　　自治の強化と分権型社会への転換のために ………………………… 18
2　地方分権改革 …………………………………………………………… 19
　　地方分権一括法の制定 ………………………………………………… 19
　　分権改革の目的と理念 ………………………………………………… 22
　　分権改革の内容 ………………………………………………………… 22
　　分権改革の残された課題 ……………………………………………… 24
3　地方分権のための「受け皿」論 ……………………………………… 24
4　全国市長会の提言と「選択的分権」の動き ………………………… 26
　　第二臨調答申と全国市長会の提言 …………………………………… 26
　　中核市制度の提言 ……………………………………………………… 27
　　二層制を前提とした分権論 …………………………………………… 28
5　「受け皿」論としての市町村合併推進論の再浮上 ………………… 29
　　合併特例法の大改正 …………………………………………………… 29
　　地方分権推進委員会「第二次勧告」 ………………………………… 30

第2章　財政危機と市町村合併 ………………………………………… 33

1　借金大国　日本 ………………………………………………………… 33
　　国際的に突出している日本の財政赤字 ……………………………… 33
　　地方自治体の赤字が深刻 ……………………………………………… 35
2　危機的な状況の地方財政 ……………………………………………… 36
　　戦後3回目の地方財政危機 …………………………………………… 36
　　財政危機を示すさまざまな指標の悪化とその背景 ………………… 37
　　地方自治体が直面する3つの課題 …………………………………… 38
3　自由のきかない地方財政制度 ………………………………………… 39
　　歳出の自治がない ……………………………………………………… 39
　　歳入の自治がない ……………………………………………………… 40

  今後の地方分権推進・構造改革と地方財政 …………………… 41
 4　財政の効率化と市町村合併 ………………………………………… 43
  住民数と財政支出の関係 ……………………………………… 44
  規模の経済性 …………………………………………………… 45
  面積と財政支出の関係 ………………………………………… 46
  市町村合併と財政的効率性 …………………………………… 47

第2部　市町村合併を考える4つの手がかり ……………………… 49

第3章　市町村の"適正"な大きさ ………………………………… 51
 1　仕事の質を保障するために ………………………………………… 51
  必要最小限の仕事をするために ……………………………… 51
  指針の示す最低限必要な大きさ ……………………………… 53
 2　最も効率のよいサイズとは ………………………………………… 57
  最低の規模と最適な規模 ……………………………………… 57
  U字説 …………………………………………………………… 57
  L字説 …………………………………………………………… 58
  最適規模 ………………………………………………………… 59
 3　人口だけで考えていいのだろうか ………………………………… 60
  青森市と明石市 ………………………………………………… 60
  南会津・吉野 …………………………………………………… 61
 4　サービスを受ける側の視点ははいっているか …………………… 62
 5　満足感を高めるために ……………………………………………… 63
  住民の生活感覚と行政界の一致 ……………………………… 64
  民主主義・参加に適したサイズ ……………………………… 64
  住民による行政のコントロールの強化 ……………………… 65
 6　ただ大きくするだけでなく ………………………………………… 67

第4章　市町村経営と組織再編 ……………………………………… 69
 1　これまでの自治体組織 ……………………………………………… 69
  必置規制による組織編成とはなにか ………………………… 69
  機関委任事務と組織編成 ……………………………………… 70
  補助金行政と自治体の経営 …………………………………… 72
 2　自治体の職員の能力アップ ………………………………………… 73
  求められる改革 ………………………………………………… 73
  議会も改革が必要 ……………………………………………… 75
  改革のきっかけとしての市町村合併 ………………………… 75

どんな職員が求められているか ……………………………………… 76
　　　多様な職員間の競争の激化 …………………………………………… 78
　　　合併で充実する専門職員 ……………………………………………… 79
　　　自治体職員の高まる能力 ……………………………………………… 79
　3　合併後の組織運営のあり方 ……………………………………………… 80
　　　自治体が自立できる組織が必要 ……………………………………… 80
　　　政策形成過程における企画部門の強化 ……………………………… 81
　　　政策法務体制の整備 …………………………………………………… 82
　　　職員研修の見直し ……………………………………………………… 83
　　　住民参加の機構づくり ………………………………………………… 85
　4　合併後の組織の課題 ……………………………………………………… 86
　　　人事上の問題 …………………………………………………………… 86
　　　組織文化の問題 ………………………………………………………… 87
　　　組織統合を円滑にすすめるには ……………………………………… 87
　　　支所・出張所はどうなるか …………………………………………… 88
　　　合併後のコミュニケーションの問題とＩＴの活用 ………………… 89

第5章　住民自治と市町村合併 ……………………………………………… 91
　1　市町村の区域・規模と住民自治 ………………………………………… 91
　　　市町村合併は住民自治の後退につながるのか ……………………… 91
　　　小規模町村ほど自治は充実しているのか …………………………… 92
　　　住民自治の拡充に必要な取り組み …………………………………… 93
　　　行政任せにしておいて行政の応答性は確保されるのか …………… 93
　　　行政の応答性を確保するための住民の役割 ………………………… 94
　2　住民自治組織のイメージ ………………………………………………… 95
　　　住民自治組織の必要性 ………………………………………………… 95
　　　町内会・自治会組織の現状 …………………………………………… 96
　　　町内会・自治会組織の問題点と可能性 ……………………………… 99
　　　コミュニティ施策 ……………………………………………………… 100
　　　コミュニティ施策の先進事例 ………………………………………… 101
　3　新しい住民自治組織の可能性 …………………………………………… 103
　　　事例からみた既存組織の課題 ………………………………………… 103
　　　住民自治組織の体制 …………………………………………………… 104
　　　住民自治組織と行政との関係 ………………………………………… 107
　4　市町村合併に伴う住民自治組織づくり ………………………………… 109
　　　従来の地域への配慮 …………………………………………………… 109

地域審議会制度の概要	109
地域審議会制度の活用	111
市町村合併を住民自治の拡充につなげるために	111

第6章 市町村合併と都道府県・広域行政 …… 114
1 市町村合併後の都道府県の姿 …… 114
　広域行政のメリット …… 114
　市町村合併と都道府県制の見直し論議 …… 114
2 都道府県の役割の見直し …… 117
　都道府県に固有の機能とは何か …… 117
　三重県の取り組み …… 117
　ユニット方式と"逆委託" …… 119
3 市町村合併に対する都道府県の役割 …… 121
　都道府県に求められる姿勢 …… 121
　都道府県の役割その1：合併に伴う都道府県の自己改革の明示 …… 123
　都道府県の役割その2：合併による懸念を解決するための仕組みづくり …… 124
　都道府県の役割その3：市町村が合併について真剣に検討するための条件整備 …… 124
4 市町村合併と広域連合・都道府県 …… 125
　市町村合併しか選択肢はないのか …… 125
　事務の共同処理方式の現状 …… 126
　事務の共同処理方式の限界 …… 127
　広域連合制度の可能性 …… 128
　広域連合制度による補完機能と都道府県の役割 …… 129

第3部　市町村合併の実際を見る …… 131
第7章 市町村合併の仕組みと準備作業 …… 133
1 合併協議会 …… 133
　その性格 …… 133
　その設置 …… 134
　その協議事項 …… 136
2 合併協議会の設置まで …… 136
　庁内での勉強会・研究会 …… 136
　相手市町村との勉強会・研究会 …… 138
　任意の協議会 …… 139
3 住民発議の場合 …… 140
　住民発議制度導入の背景 …… 140

	住民発議制度の仕組み	140
	住民発議運動	142
	青年会議所と住民発議	143
	住民発議で設置された場合の合併協議会	144
	地域の未来を考える契機として	145
4	事務事業のすり合わせ	147
	事務事業のすり合わせの体制	147
	システムの統合など	148
	公共的団体の統合など	148
5	新市町村建設計画	150
6	新自治体のアイデンティティ	154
7	市町村合併の意思決定	155

第8章　市町村合併の財政的影響　157

1 **市町村合併による財政の効率化**　157
　市町村合併が財政の効率化をもたらす3つの理由　157
　管理部門の効率化　157
　三役・議員の総数削減　158
　重複投資を避けることによる投資的経費の節減　160

2 **市町村合併による住民負担の軽減**　161
　「サービス水準は高い方に、料金は低い方に」の難しさ　161
　あきる野市の合併協定項目　161
　行財政改革と住民負担　162

3 **市町村合併による行財政基盤の強化**　163
　行財政基盤の強化をもたらす3つの視点　163
　投資効果の拡大　163
　投資拡大と人口増による地方税の増収　165
　行政サービスの高度化・専門化への対応　167

4 **市町村合併の財政的影響**　168
　員弁地区の合併シミュレーション（類似団体によるもの）　168
　伊奈町・谷和原村のシミュレーション（財政フレームによるもの）　171
　ひたちなか市の財政状況比較（実際の合併事例）　172

5 **市町村合併のための国等による財政支援措置**　173
　地方交付税による財政措置　173
　地方債の特例による財政支援　174
　国庫補助金による支援措置　175

第9章 市町村合併の参考事例 ……………………………… 177
1 さいたま市 ……………………………………………… 177
市の概要 ………………………………………………… 177
合併までの経緯 ………………………………………… 178
さいたま市の事例からの問いかけ …………………… 180
2 新潟市 …………………………………………………… 182
市の概要 ………………………………………………… 182
合併までの経緯 ………………………………………… 183
新潟市の事例からの問いかけ ………………………… 184
政令指定都市と人口 …………………………………… 185
3 西東京市 ………………………………………………… 186
市の概要 ………………………………………………… 186
合併までの経緯 ………………………………………… 186
西東京市の事例からの問いかけ ……………………… 188
4 潮来市 …………………………………………………… 190
市の概要 ………………………………………………… 190
合併までの経緯 ………………………………………… 190
潮来市の事例からの問いかけ ………………………… 192
5 中球磨5か町村 ………………………………………… 194
地域の概要 ……………………………………………… 194
合併協議の経緯 ………………………………………… 195
中球磨5か町村の事例からの問いかけ ……………… 196

おわりに ……………………………………………………… 198
著者紹介 ……………………………………………………… 199

第1部
いまなぜ市町村合併なのか

第1章 地方分権の流れと市町村合併

1 市町村合併と市町村職員

　いま、中央政府の強い働きかけもあって、合併の検討をしている市町村、あるいは検討しようとしている市町村が多い。しかし、この検討の仕方は、とりわけ当事者である市町村の職員の姿勢は非常に受身的である。たとえば、次のような職員の声は、受身の姿勢を端的に表している。

　「2005年3月までに合併すれば、国が盛りだくさんの合併特例債などの財政支援や公共事業等の支援をしてくれる可能性がある。一方、このまま合併しなければ、地方交付税などが減額され、今以上に財政的に苦しくなりそうだ。仕方がないから、とりあえず合併の検討会を開催して、合併が損か得か検討してみよう。」
　「2005年3月を越えたら、合併支援は本当になくなるのかな。」
　「地方交付税が今後どうなるかを見定めてから合併を検討しても遅くはないのではないか。」

■主体的な市町村合併の検討を■

　地方自治体は、地域住民に行政サービスを直接的に供給するという責務を持っている。したがって、そのサービスを提供するための中央政府の財政支援がどうなるかという観点から合併をみるのは、すなわち、合併が財政的に「損」か「得」といった観点からみるのは無理からぬところである。しかし、中央政府側からだけの働きかけをもとにして、言い換えれば、中央政府の「アメとムチ」の政策に基づいて合併を考えるのでは、「自治」を行う主体である市町村として、あまりにも情けない話というべきである。また、中央政府の財政支援は永久的に保証されているものではない。中央政府がどのように判断するかによって、財政支援が多くなったり少なくなったりするものである。そうである以上、いまの時点で、財政的に得をするということから、合併したとしても、数年後には、何の得にもならなかったということもあり得る。
　要するに、財政的な観点から、合併の損得を考えるのも悪くはな

いが、これは一時的なもの、あるいは補足的なものであるという点に留意することが必要である。市町村は、もっと別の観点から、すなわちもっと積極的・主体的な観点から、合併が必要か否かの検討をしなければならない。

■自治の強化と分権型社会への転換のために■

　昨年（2000年）4月に、いわゆる地方分権一括法が実施され、少なくとも法制度的には、市町村は「自治体」として、法律の解釈を自ら行い、また、中央省庁の干渉から自立することができるようになった。実際の市町村運営でも、中央集権型社会から分権型社会への転換が期待されている。

　こうした時代の動きをみる場合には、それぞれの市町村が、自分たちの"自治"の強化に活用できるかという観点から、いわば自らの内発的・能動的な視点にたって、合併を検討することが、いま、緊急に必要なことといわなければならない。少なくとも、現在の小規模な町村の場合、「分権型社会への転換」という時代の要請についていくだけの力があるかどうか、かなりの懸念が一般に持たれているからである。

　本書では、このような「自治」と「分権」を実現するための市町村合併を検討していきたいと考えているが、しかし、中央政府がなぜ市町村合併に積極的になってきたのかという点についても、整理しておくことが必要である。この点の理解をして、はじめて、市町村は「自治」の強化につながる合併を自主的に考えることができるようになるといっても言い過ぎではない。

　中央政府は、ここ数年、市町村合併を強力に進めようとしているが、その根拠として展開してきたのは、そもそもは地方分権の「受け皿」の整備ということであった。現在の市町村の多くは、地方分権を受け入れるだけの力がない。しかし、地方分権が進み始めたという現状のもとでは、何はともあれ、市町村合併が必要だというわけである。もちろん、財政的な理由も根拠として挙げられているが、当初から強く主張されてきたのは、地方分権の「受け皿」論であった。

　そこで、本章では、まず、今回の分権改革の目的や理念、その内容等について整理・紹介するとともに、地方分権と市町村合併との関係について明らかにすることにしたい。

2 地方分権改革

■ 地方分権一括法の制定 ■

　今回の分権改革では、1995年に成立した地方分権推進法に基づいて設置された地方分権推進委員会が非常に重要な役割をはたした。地方分権推進委員会は、1996年3月に「中間報告」を首相に提出したのをはじめとして、同年12月には「第一次勧告」、翌97年6月に「第二次勧告」、同年9月に「第三次勧告」というように、矢継ぎ早に地方分権に向けての改革案を提示し、そして、同年10月に「第四次勧告」を提出し、予定されていた任務をひとまず終了した。これらの勧告の中で、もっとも重要な内容は機関委任事務の廃止という勧告であり、この勧告がその後の分権への動きを決定的にしたのであった。地方分権推進委員会は、その後も、橋本首相（当時）から地方への権限移譲について具体策を示してほしいという意向を受けて、「第五次勧告」の提案に向かったが、1998年夏の参議院選挙で橋本首相が退陣したため、さらには、中央省庁や族議員が抵抗したことなどもあって、権限移譲という要請には十分に踏み込むことができないままに、1998年11月に「第五次勧告」を提出した。

　この地方分権推進委員会の第四次までの勧告を受けて1998年5月に「第一次地方分権推進計画」が閣議決定され、また、「第五次勧告」を受けて1999年3月に「第二次地方分権推進計画」が閣議決定された。これに続いて地方分権を具体化する法律の制定（あるいは改正）が着手され、中央省庁の強い抵抗にあいながら、機関委任事務の廃止などを内容とする法律が1999年7月の国会で制定された。とはいっても、これは1つの法律ではなく、475本におよぶ法律を一挙に改正するものであったため、一般には、それらを総称して、「地方分権一括法」といわれている。この一括法が施行されたのは2000年4月であった。その結果、2000年が「地方分権の幕開け」であるとか、「地方分権元年」とかいわれることが多い。

地方分権推進法

1995年5月に成立した時限立法。地方分権の基本方針を定め、政府が地方分権推進計画を作成するための具体的指針を勧告するとともに計画の実施状況を監視する地方分権推進委員会の設置を定めている。

図表1-1 主な地方分権改革論議

公表年月	答申・提言名とその内容
'82.7/30	第二次臨時行政調査会「第三次答申－基本答申－」 ○国と地方の「機能分担」の主張(「統一性」「公平性」の重視)
'89.12/20	第二次臨時行政改革推進審議会「国と地方の関係に関する答申」 ○「全国的統一性、公平性の確保」から「多様で個性的な地域社会」を重視する路線への転換 ○府県連合・市町村連合制度、地域中核都市制度の提言
'92.6/19	第三次臨時行政改革推進審議会「第三次答申」 ○地方分権特例制度（パイロット自治体）の提言
'93.1/4	政治改革推進協議会（民間政治臨調）「地方分権に関する緊急提言」 ○「地方分権基本法」の提唱 ○地方議会、首長の選挙制度、地方議会システム改革の提言
'93.4/19	第23次地方制度調査会「広域連合および中核市に関する答申」 ○府県・市町村の広域連合制度、中核市制度の提言
'93.4/20	経済団体連合会「東京一極集中の是正に関する経団連見解」 ○「地方分権基本法」の提唱 ○府県連合を経て「道州」への再編の提言
'93.6/3	衆議院「地方分権の推進に関する決議」
'93.6/4	参議院「地方分権の推進に関する決議」
'93.10/27	第三次臨時行政改革推進審議会「最終答申」 ○国と地方の役割分担の本格的な見直しの強調 ○現行二層制の維持（市町村合併は自主的取り組みを尊重）の明記 ○都道府県に重点をおいた権限移譲の明記 ○地方分権に関する大綱方針・地方分権推進に関する法律制定の提言
'94.6/29	地方自治法の一部を改正する法律公布 ○府県・市町村の広域連合制度・中核市制度の創設
'94.9/26	地方六団体「地方分権の推進に関する意見書」 ○地方分権委員会、地方分権の推進に関する法律制定の提言 ○現行二層制の維持の明記
'94.11/18	行政改革推進本部地方分権部会本部「専門員の意見・要旨」 ○機関委任事務の廃止等の徹底した権限移譲の提言 ○現行の二層制の維持（府県の連合と市町村の自主的合併）の明記 ○都道府県重視の権限移譲の明記

第1章 地方分権の流れと市町村合併

公表年月	答申・提言名とその内容
'94.11/22	第24次地方制度調査会「地方分権の推進に関する答申」 ○地方分権推進法の制定・地方分権推進委員会の設置の提言
'94.11/22	第24次地方制度調査会「市町村の自主的な合併の推進に関する答申」 ○住民発議制度の創設等の提言
'94.12/25	閣議決定「地方分権の推進に関する大綱方針」
'95.3/29	市町村合併特例法の一部を改正する法律公布 ○住民発議制度の創設等
'95.5/19	地方分権推進法公布 地方分権推進法施行、地方分権推進委員会発足（'95.7) ○「中間報告」('96.3) ○「第一次勧告」('96.12) ○「第二次勧告」('97.7) ○「第三次勧告」('97.8) ○「第四次勧告」('97.10) ○「第五次勧告」('98.11)
'98.5	第1次地方分権推進計画閣議決定
'99.3	第2次地方分権推進計画閣議決定
'99.7	地方分権推進一括法成立
'00.4	地方分権推進一括法施行
'01.6	地方分権推進委員会最終報告
'01.6	経済財政諮問会議「基本方針」

■分権改革の目的と理念■

地方分権推進委員会による「中間報告」から5次にわたる勧告のなかで、分権改革の方向性が示され、それが地方分権一括法として結実した。地方分権推進委員会の一連の勧告のなかで、もっとも注目されたのは、最初に提案された「中間報告」であった。そのなかで、新たな分権型社会の創造のために必要な分権改革の目的・理念が明示されたからである。

「中間報告」は、それまでの中央集権的な制度のもとで、国と地方自治体は「上下主従の関係」にあったと分析。それを「対等協力の関係」に転換しなければならないと提言した。そして、こうした対等関係をつくっていくためには、「地域住民の自己決定権の拡充」、あらゆる階層の住民の共同参画による「民主主義の実現」を図ることが重要であると明記し、それを実現する分権改革を明治維新、戦後改革につぐ「第三の改革」として位置づけたのであった。

この分権改革は、国の行政機関のスリム化や経費節減だけを目的とするものではなかった。それよりも、地方自治体や地域住民が自らの判断で地域の課題を決定できる範囲を拡大すること、言い換えれば、地域住民が参加してものごとを決定する仕組みを確立することこそが重要だと認識していたわけである。

■分権改革の内容■

「地域住民の自己決定権の拡充」、「民主主義の実現」という目的・理念をかかげた地方分権推進委員会が、それを実現するために、実際に提案した内容は、自治体に新しい権限を移譲するということではなかった。自治体は、それまでの中央集権体制のもとでも、中央省庁の指示のもとにという制約はあったが、すでに多くの仕事を実施していたという事実を前提に、それらの事務を自治体の裁量で実施させようとしたのである。具体的に採用した手法は、中央省庁の自治体に対する関与を廃止・縮減することによって自治体の自立を拡大するというものであった。このような地方分権推進委員会の提言のなかから、重要と思われるものを整理してみると、次のようなものを挙げることができる。

> **機関委任事務**
>
> 旧地方自治法での地方自治体の事務処理方式のひとつ。国の事務のうち、地方自治体において事務処理が必要とされるものについて、知事あるいは市町村等の機関の長を国の機関として処理していた。

第1章 地方分権の流れと市町村合併

　第1は、機関委任事務の廃止である。機関委任事務は中央集権体制の象徴的存在とされ、批判され続けていたが、中央省庁は頑としてそれを守り抜いてきたという代物であった。地方分権推進委員会はその機関委任事務制度の廃止を打ち上げ、結果的に、それを各省庁に了承させ、その結果として、中央省庁の自治体に対する関与を大きく廃止・縮減をはかることができた。

　第2に、「必置規制」の緩和・廃止の提言を挙げなければならない。中央省庁は、それまで、一定の施設や特定職員の配置を細かく指示し、自治体にその設置を強制していたが、それを大幅に緩和することによって、自治体がその組織を柔軟に運営できるようにするべきであると、地方分権推進委員会は提言したのであった。

　第3に、いわゆる通達行政の廃止も重要である。これが、実質的に、自治体の「自治」をもたらす最大の要因になるということすら考えられるほどである。それまで中央省庁は、通達・通牒・通知などの文書によって、法律の解釈や業務遂行の仕方を自治体に指示してきたが、これは自治体にとって、一面では、非常に重宝なことであった。自治体は、法律をどのように地域の実情に合わせて運用するかということに頭を悩ます必要がなく、また、業務をどのように遂行していくかを工夫する必要もなく、中央省庁の指示にしたがって仕事をしていれば、それで責任を問われる心配がなかったからである。住民から不満があっても、あるいは、議会で詰問されても、通達で指示されているという一言で、責任を回避することができた。地方分権推進委員会は、この通達による指示を否定する提言、言い換えれば、中央省庁の自治体に対する関与（もしくは保護）を否定し、自治体の自立を提言したわけである。

　また、第4に、国と地方の係争処理委員会を設置するべきという提言も重要なものとして挙げなければならない。地方分権推進委員会は、中央省庁と自治体の関係を対等にするためには、中央省庁の関与に対して自治体に訴える場を提供しなければならないと考えたわけであり、それを実現するものとして、この国地方係争処理委員会の設置を提言したのであった。

国地方係争処理委員会

改正地方自治法第250条の7で新設。国と地方が対等・協力関係になったことから、地方自治体に対する国の行政機関による関与に関して、地方自治体から審査するよう申出があった場合に、審査を担当する機関。

■分権改革の残された課題■

　この地方分権推進委員会の提言をもとに、地方分権一括法が制定され、2000年4月から施行されたが、これによって、地方分権を目指す改革が完成したというわけではもちろんない。まだ、財政面での分権改革、たとえば地方交付税のあり方や税源の移譲の問題がこれからの検討課題として残っているし、都道府県と市町村の関係も残っている。さらに、市町村に「自治」の担い手としての力量をどのようにして備えさせるかという分権の「受け皿」整備の検討も重要である。

　分権の「受け皿」の整備は、少なくとも論理的には、分権を実施する前の段階で論議しておくべき課題ということもできる。「受け皿」がなければ、分権の法制度をいくら整備しても、現実のものとはならず、無意味ともいえるからである。それにもかかわらず、地方分権推進委員会は当初、この「受け皿」整備論として語られる市町村合併について論ずることを、棚上げという形で後回しにする姿勢を示していた。これは、いったいなぜであろうか。現在、全国各地で問題になっている市町村合併の意味を理解するためにも、この解明は必要である。そこで、以下、この点に焦点を合わせてみてみることにしたい。

③ 地方分権のための「受け皿」論

　わが国では、地方分権が政治課題としてとりあげられるたびに、必ずといってよいほど、権限の移譲を受ける都道府県や市町村の受け入れ体制を整備すべきだという論議が提起されてきた。分権を進めるのであれば、都道府県や市町村の区域・規模の拡大を図り、行財政能力を強化する必要があるという論議である。この種の論議は、「道州制構想」や「連邦制構想」として、あるいは「廃県置藩構想」や「市町村合併論」などとして、これまで何度となく登場してきた。分権のためのいわゆる「受け皿」論であるが、この「受け皿」論は、結局のところ、わが国の地方分権の推進をさまたげるという結果をもたらしてきた。道州制や市町村合併により地方自治体の行財政能力が強化されない限り、地方分権はできないという主張がまかり通り、結果的に、分権改革論議が進まないというのがこれまでの常であった。

第1章 地方分権の流れと市町村合併

　今回の地方分権改革以前の段階においても、経済団体、学会、市民団体、政党、政府審議会、マスコミなど、さまざまな立場から、多種多様な分権改革論が提唱されてきたが、その多くは、「地方分権」を提唱しながら、「地方分権」の目的・理念・内容等についてはほとんど語らず、もっぱら分権のための「受け皿」の整備にエネルギーを割いてきたのであった。その結果として、分権が進まなかったといっても過言ではなかった。

　そこで、地方分権推進委員会は、「受け皿」論にフタをすることを戦略としたといってよいだろう。その手法こそが「中間報告」にいう初期における地方分権の理念の提示であり、権限移譲ではなく、関与の縮減・廃止であった。

　地方分権推進委員会が登場する前に、各界から多くの分権改革論が提案されていたが、これらの改革論議には地方分権の理念についての共通の認識がなかった。それらの論議の多くは、国から地方自治体へ権限移譲を求める提言・主張であったが、その提言にしても、経済界は中央行政機関のスリム化を目的とし、自治体は実質的な権能の強化を求めるというように、その主張には大きな隔たりがあった。自治体の間でも、都道府県と市町村の主張には隔たりがあり、また、市町村の場合でも、政令指定都市と一般市、町村の間には微妙な食い違いがみられた。しかも、これらの主張・提言には、「なぜ地方分権が求められるのか」、「地方分権改革によって住民にどのような効果をもたらすのか」といった議論がきわめて希薄であった。こうしたことも影響して、実際には、地方分権改革は全く進まなかった。このため、地方分権推進委員会は、まず、地方分権の理念を掲げ、そして、中央省庁の関与の縮減・廃止という手法で分権を推進しようとしたのであった。

　このことが今回の地方分権改革を「官-官分権」と揶揄されたように、住民にわかりにくいものとしたことは事実であった。しかし、少なくとも初期の段階では、「受け皿」論の浮上、それによる分権の実現の阻止を押さえ、地方分権の理念や手法を提示したことは高く評価しなければならない。残念ながら「第二次勧告」の段階にはいると、経済界サイドの意向もあって、「受け皿」論の検討を始めざるを得なくなったが。

> **政令指定都市**
> 地方自治法第252条の19に基づき、政令で指定する人口50万人以上の市。一定の要件を備えたおおむね80万人以上の人口を擁する市が指定されてきた。2001年、合併による場合、70万人以上で指定する方針が出された。

もっとも、この結果として生まれた「受け皿」論は、従来から経済界が主張してきた「受け皿」論ではなく、それまで自治体側が主張してきた「選択的分権」との融合をはかるものであった。したがって、市町村合併の意味を理解するためには、この動きについても振り返ってみておく必要がある。

4 全国市長会の提言と「選択的分権」の動き

■ 第二臨調答申と全国市長会の提言 ■

従来の地方自治制度では、政令指定都市（1996年4月以降は中核市、2000年4月以降は特例市を含む）のほか、保健所設置や建築確認事務を担当する都市があるなど、市町村の規模によって、その権限にわずかな違いがあるということもあったが、原則的には、規模の大小を問わず、市町村にはほぼ同一の権限が付与されてきた。第二臨調はこの点を問題視し、「第三次答申」（1982年）で次のような課題を投げかけた。

「市町村の人口規模には、数百人の小規模のものから数百万人の大規模なものまで大きな格差があるが、国と地方の事務配分において、地方自治が最も実現されやすい基礎的な団体である市町村にできるだけ事務を配分するためにも、市町村の基盤の強化を図るとともに、長期的、基本的には市町村の規模、能力の格差を解消することが重要な課題である。」

地方分権を推進するためには、市町村の能力格差を是正する必要性を提言したわけであるが、この論法では、地方分権論議が市町村合併論議に矮小化されてしまうおそれがあった。とりわけ、政令指定都市並みの権限移譲を求める都市にとって、全国一律の権限移譲では満足のいく結果が得られないという不満があった。また、府県にとっては全国的な市町村合併が展開され、区域・規模が拡大すれば、府県の空洞化をまねき、ひいては府県連合を経て道州制につながるのではないかという懸念があった。

このため、全国市長会は、1988年に行財政能力の欠如を指摘されかねない小規模町村まで含めた全国一律の権限移譲を回避し、当面の受け入れ体制が整ったところから段階的に権限移譲を行ってほしいと

> **中核市**
> 1994年の地方自治法改正で法制化された市の特例制度。人口要件30万人以上、面積要件100km²以上の都市であって、中核市の指定を受けている市は2001年4月1日現在で28市である。

いう方針を「21世紀を展望した都市政策」(1988年)において打ち出した。すなわち、「一律画一的な移譲にこだわらず、都市自治体の人口・財政規模・能力等の条件に見合った移譲が望ましい」としたわけである。そして、当面は、「人口30万人程度の都市と都市規模の集積度や圏域における拠点性の高い都市」に対しては、政令指定都市と同じような権限を付与し、その他の都市については行政処理能力、地域特性、財政力に応じた事務配分を行ってほしいと提言した。

■中核市制度の提言■

　第二次行革審は、「国と地方の関係等に関する答申」(1989年)において、こうした全国市長会の提言を受ける形で、「地域の中核都市として、人口規模その他一定の条件を満たす市に対して、都市における各般の行政分野について地域行政に係る事務を中心に都道府県の事務権限を大幅に委譲する」という提言をした。「地域中核市」を創設するべきという提言であり、その他の都市については、「人口規模等に応じ、都道府県からの各種事務権限の委譲を推進する」としたのであった。

　一方、府県の側にとって、第二次行革審などにおける政令指定都市への権限移譲の拡大や地域中核市の提言は、府県の空洞化を招き、存在意義そのものが問われてくるのではという危機感につながった。また、この時期、連邦制構想や廃県置藩論など、府県制度の再編や廃止の主張もあった。

　もっとも、道州制については、その導入に熱心であった経済界は、この頃、地方分権を求める主張に転換していた。連邦制構想や廃県置藩論については、現行の憲法や地方制度そのものを根本的に変えることになるため、あえて改革する必要性や実現性を疑問視する声もあがっていた[1]。

　また、1990年代にはいると、「自治」の意欲のある市町村に実験的に権限をもたせようというパイロット自治体構想が展開され始めていたこともあり、第23次地方制度調査会は「広域連合及び中核市に関する答申」(1993年)で広域連合制度を提言した。

　「多様化した広域行政需要に適切かつ効率的に対応するとともに、これまでにも必要性が指摘されてきた国からの権限移譲の受け入れ体制を整備する」ことを目的としたわけである。

この地方制度調査会の答申では、道州制など他の広域行政体制に関する記述はまったくなかった。それだけに、府県にとっては当初道州制への布石につながるのではという懸念があったが、むしろ自治省は府県再編論議に対する安全弁としての役割を意図していたといわれていた[2]。実際に、広域連合制度の創設によって府県再編論議は一応の収束をみた。

■二層制を前提とした分権論■

　こうして、1994年6月の地方自治法の一部改正により中核市・広域連合制度が創設され、地域中枢・中核都市に対しては政令市・中核市制度が、府県やその他市町村に対しては広域連合制度がそれぞれ用意されることとなった。これらの制度はいずれも国や府県からの権限移譲の「受け皿」としての役割が期待されており、それだけに市町村だけでなく府県レベルにおいても、「選択的」に権限移譲を受ける仕組みが広域連合制度によって用意されたということができた。この結果、それまで分権改革をめぐり思惑の違いがみられた地方六団体が、現行の二層制の枠組みを前提として、受け入れ体制の整ったところから権限移譲を行うということで合意し、結束して分権改革に取り組む動きにつながることとなった。つまり、分権改革に取り組むに当たり、「受け皿」論を棚上げすることにより、地方六団体の足並みがそろったのである。

　さらに、地方六団体は、国から地方への本格的な権限移譲の論議において、「受け皿」論の再燃を回避するため、従来の「市町村優先の原則」という伝統的な権限移譲からの転換をはかり、まず国から府県への権限移譲を行い、市町村への権限移譲はその次の段階で行うという「府県優先」の分権戦略を打ち出すこととなった[3]。地方六団体の意向を受け、この路線転換を決定づけたのが、1993年10月27日に出された第三次行革審の次のような「最終答申」であった。

　「住民に身近な行政はできるだけ住民に身近な自治体で処理するという考え方に立てば、基礎的自治体たる市町村がその中心的担い手となるべきことは言うまでもないが、・・・（中略）・・・行財政能力に大幅な格差がある市町村の現状にかんがみれば、当面、都道府県により重点を置いた権限の移管等を進めることが現実的かつ効果的であろう。」

　地方六団体は、「最終答申」提出直後の1993年11月8日に、地方

第1章 地方分権の流れと市町村合併

六団体代表と学識経験者等で構成される六団体地方分権推進委員会を発足させ、1994年9月16日に政府に「地方分権推進委員会報告－新時代の地方自治」を提出した。この六団体地方分権推進委員会は、第三次行革審「最終答申」が提言した「地方分権大綱」に意見を反映させることを目的としており、1994年4月の第24次地方制度調査会や同年5月の内閣行政改革推進本部地方分権部会の発足に先駆けていたこともあって、これら2つの論議のベースになった。この結果、第24次地方制度調査会と内閣地方分権部会は市町村合併の自主的方策を支援すべきとする内容を盛り込むことになったものの、基本的には六団体地方分権推進委員会と同様に、現行の二層制の維持を前提とした分権改革を推進するよう提言した。

5 「受け皿」論としての市町村合併推進論の再浮上

1994年12月に「地方分権大綱」が閣議決定され、さらにこの大綱に基づき、総務庁と自治省の共管による地方分権推進法が村山内閣のもとで95年5月に成立した。

この当時の社会経済情勢や政治の流動化などの動きが、こうした改革の追い風となったことは確かである。しかし、それと同時に、地方六団体が権限移譲を当面の課題とせず、「受け皿」論を棚上げすることでスクラムを組むことができたことも、改革を強く後押ししたといわなければならない。

とはいうものの、「受け皿」論推進の動きはなくなったわけではなかった。むしろ、地方分権推進委員会の勧告が出揃い、関連法の改正へと改革内容が具体化するにつれ、「受け皿」整備を求める動きは再び高まりをみせるようになった。

■合併特例法の大改正■

自治省は、1995年の合併特例法の期限切れに対応して、1994年から2ヵ年の調査として省内に「市町村の自主的合併の推進方策等に関する調査研究委員会」を発足させた。そして、この委員会の報告、「市町村の自主的合併の推進方策等に関する調査研究委員会報告書」の内容を踏まえて、1994年11月22日、第24次地方制度調査会が「市町村の自主的な合併の推進に関する答申」を提出した。1995年3月の合併特例法の大改正・延長は、この答申に沿って行われたものであった。

改正前の合併特例法は、あくまで「合併の障害除去」を行うためのものであったが、改正法では「自主的な市町村の合併を推進する」という趣旨に改められ、合併の推進を強く意識したものになった。また、住民発議制度が導入され、各種の支援措置も充実・強化された。さらに、1996年10月20日の衆議院総選挙を契機として、「受け皿」整備を求める主張が再び分権改革の一環として政府・与党の審議に取り上げられるようになった。このときの選挙では、自民党は過半数にはとどかなかったものの、改選時より28議席上積の239議席を獲得し、全閣僚が自民党議員で占められるという事態が出現した。そして、選挙前の公約では、自民、新進、民主各党が財政再建の視点から市町村合併の推進を掲げていたが、自民党主導の政権がより強固になったことで、地方分権論議を再び「受け皿」論の観点から主張する向きがみられるようになったのである。

■ 地方分権推進委員会「第二次勧告」 ■

　自治省では、当時の白川自治大臣が1997年の年頭挨拶で市町村を1,000程度に再編する趣旨の発言をしたのを皮切りに、「合併相談室」を設置するなどの対応を行った。また、同年1月に地方分権推進委員会に新たに地方行政体制検討グループが設置されたが、これも地方行政体制の整備を地方分権推進委員会の検討課題に加えようとする政府の意向を受けたものといわれている[4]。

　しかし、この地方行政体制検討グループは、地方行政体制のあるべき理念を検討した形跡はほとんどなかった。多くの委員は機関委任事務廃止後の事務の仕分けに負われ、行政体制の検討まで行かなかったようである。そして、この間に、市町村合併が意外なところで実質的に決定されてしまった。1997年6月3日、当時の橋本政権のもとで、「財政構造改革の推進について」が閣議決定され、そのなかで、次のように、市町村合併に対する支援が決定されてしまったのである。

　「地方自治・地方分権を推進するに当たっては、その主体となる地方公共団体の行政体制を並行して強化していく必要があり、このような観点から、市町村の合併について、集中改革期間（平成10年度〜12年度）中に実効ある方策を講じ、積極的に支援していく必要がある。」

　1997年7月に提出された地方分権推進委員会の「第二次勧告」は、

第1章 地方分権の流れと市町村合併

閣議決定された「財政構造改革の推進について」を色濃く反映する形となった。そして、市町村合併についても、次のように、積極的にその推進を要請した。

「行財政改革への取組と併せ、自主的な合併や広域行政を強力に推進し、その行財政能力の充実強化を図るべきである。」

また、都道府県に対して、中央省庁が策定した指針に基づき、地域の実態を反映した市町村合併パターンの提示や先進事例の紹介などの必要な助言、調整をするべきであるという提言もあった。

地方分権推進委員会の「第二次勧告」では、中核市の指定要件の緩和や広域市町村圏の中心市を対象とした特例の創設も、市町村合併の項目の中で提言されていた。これは、1999年7月の分権一括法の制定により、人口20万以上を要件とする「特例市」として制度化されたが、こうした事情から類推すれば、「特例市」の創設は、権限移譲を進めるためというよりは、合併のインセンティブとして活用するためであった。

1998年4月の総選挙により自民党は自由党、公明党と連立政権を組むこととなり、小渕政権の下で財政再建路線は棚上げされることとなった。しかしながら、市町村合併を推進する動きは、国・地方を通じた累積債務の膨張に歯止めがかからないなか、むしろ本格化していった。1997年8月に自治省は地方行革の徹底などを柱とする市町村合併の推進や数値目標を盛り込んだ1998年度の地方行財政重点施策をまとめた。市町村合併の推進策としては、合併パターンの検討や住民発議制度の拡充など、「第二次勧告」の提言を踏まえたもののほか、都道府県の合併推進経費を地方交付税で手当するなどの財政措置をはかるとした。これらは、いずれも地方分権推進計画に盛り込まれ、1999年7月の分権一括法に反映されている。

さらに、1999年8月には、自治省は「市町村の合併の推進についての指針」を策定し、都道府県に通知した。これは、地方分権推進委員会第二次勧告や地方分権推進計画において提起された内容を具体化したもので、2000年中をめどに全国の都道府県に対して市町村合併のパターン等を内容とする市町村の合併の推進についての要綱を策定するよう要請するものである。策定された市町村合併のパターンにど

> **特例市**
>
> 1999年の地方分権一括法による改正地方自治法において法制化された市の特例制度。政令指定都市制度、中核市制度につぐ第3の市の特例制度であり、人口要件20万人以上の市で2001年4月1日現在、30市である。

れだけの実効性があるのか疑問であるが、ほとんどすべての道府県で具体的な合併の組み合わせが一律・一斉に提示された。こうした動きは、昭和の大合併以来の出来事である。

　こうした経緯のもとに、合併論が展開されてきたが、最近では、ますます深刻になる財政悪化の改善策として合併が論じられるようになってきた。そして中央政府の手厚い合併支援策を目の前にして、合併が財政上において「損」なのか「得」なのかといった議論が中心となってきている。もちろん、地方自治体にとって中央政府による財政支援は重要であることは確かであるが、一次的あるいは補足的な財政支援を受け、合併するだけで、地方分権の「受け皿」となると考えるのは早計である。第2部で論じるように、市町村が地方分権の「受け皿」となり、自治の拡充をはかるためには、自治体職員、議員、そして地域住民の能力アップが必要であり、行政組織の再編や住民自治の拡充なども必要である。市町村合併をその契機とすることが望ましい。

〔注〕
1）　これらの地方制度改革論議については、磯崎初仁「地方制度改革論議の展望」（西尾勝編『自治の原点と制度』所収）ぎょうせい、1993年参照
2）　小原隆治「市町村合併の論点」『成蹊法学』（第45号、1997年）199頁
3）　兼子仁・村上順『地方分権』弘文堂、1995年、180〜182頁
4）　21世紀の自治研究会「地方分権推進委員会・委員たちの苦闘」『月刊自治研』（第450号、1997年）

第2章 財政危機と市町村合併

① 借金大国　日本

■国際的に突出している日本の財政赤字■

　バブルが崩壊してから10年間で、土地や株などの資産価値が急激に落ち込み、バブル期の約半分になってしまった。1995年前後に景気は回復を一時見たものの、1997年秋には大手金融機関の倒産に始まり、市場は冷えていく。多額の不良債権を抱えた銀行は体質強化のために「貸し渋り」、景気の悪化に追い討ちをかけていった。

　このような経済状況を改善するために、1998年から政府は相次いで大規模な経済対策を打っていく。公共事業を中心として、国内の需要を呼び覚まそうとしたのである。とはいうものの、不況のため国も地方も税収は減っていたから、不足分は多額の国債と地方債により賄われていった。図表2-1に示すように、この時期から急激に政府の借金が増えており、2001年度末の見込みで、国と地方合わせて666兆円の借金残高を抱えることになる。この数字は、赤ちゃんも含めて国民1人当たり525万円の借金をしていることを示す。666兆円というのは、国民が1年間かけて稼ぎ出す価値であるGDPを大きく上回っている（GDP比で128.5%）。これは、国際的に見ても圧倒的に高い数値であり、長く財政危機を懸念されているイタリアすらも追い越している。90年代後半には、米国やヨーロッパの国々では、財政収支が好転してきており、米国、英国では財政黒字を計上しているほどなのだ（図表2-2）。

第1部 いまなぜ市町村合併なのか

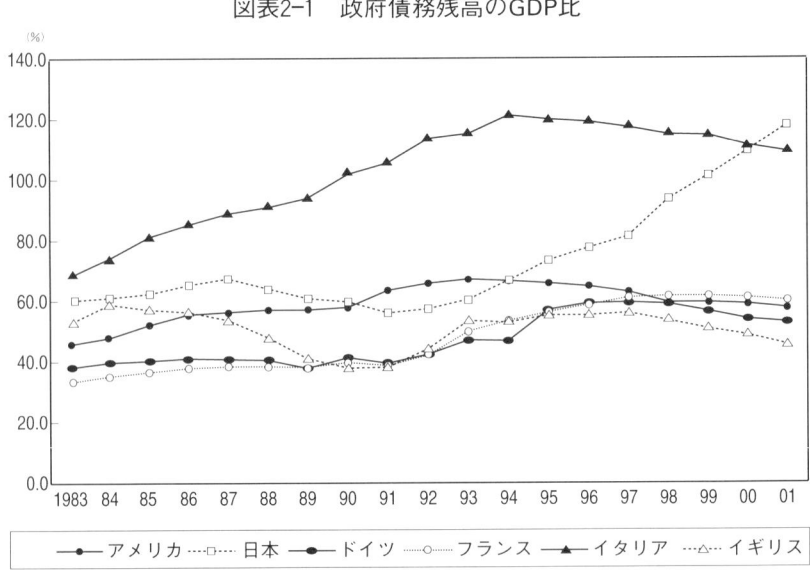

図表2-1　政府債務残高のGDP比

(注)　98年まで実績値。99-2001は推計値。
OECD, *Economic Outlook*, Dec. 1999.

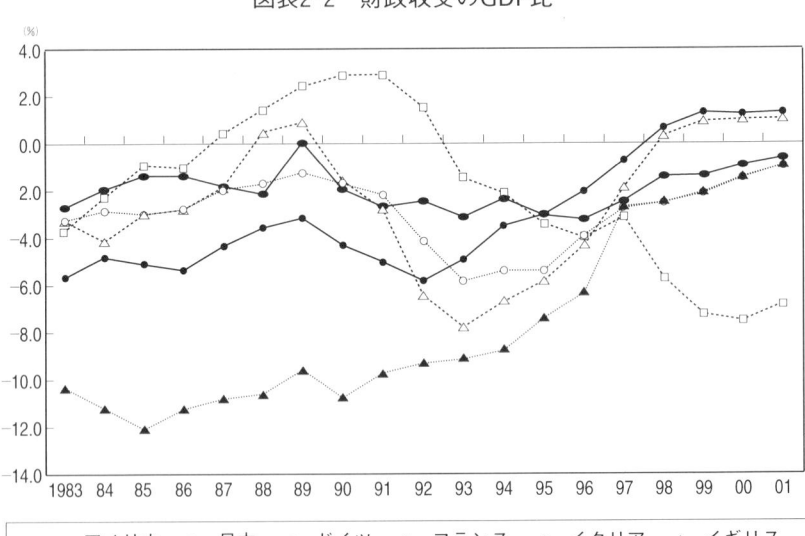

図表2-2　財政収支のGDP比

(注)　98年まで実績値。99-2001は推計値。
OECD, *Economic Outlook*, Dec. 1999.

出所）井堀利宏『財政赤字の正しい考え方』（東洋経済新報社、2000年）

第2章 財政危機と市町村合併

■地方自治体の赤字が深刻■

　国際的に見て突出しているのは財政赤字の総額だけではない。地方自治体が抱えている赤字額の大きいことも異様である。毎年の赤字額で見ると、2000年度だけで、対GDP比2.5％の赤字であり、ヨーロッパ各国が国と地方を合わせて年間3％以内にしていることと比べると、その大きさがわかる。これまでの地方自治体の借金残高は188兆円という規模である（図表2-3）。この188兆円には、毎年生ずる財政赤字を埋め合わせるために、地方交付税の原資（法人税、所得税、酒税、消費税、たばこ税の一定率）だけでは足りずに、特例的に借り入れた分（地方交付税特別会計借入金など）が56兆円と全体の5割弱を占めている。毎年、地方財政は急場の借金で取り繕っている状況なのである。

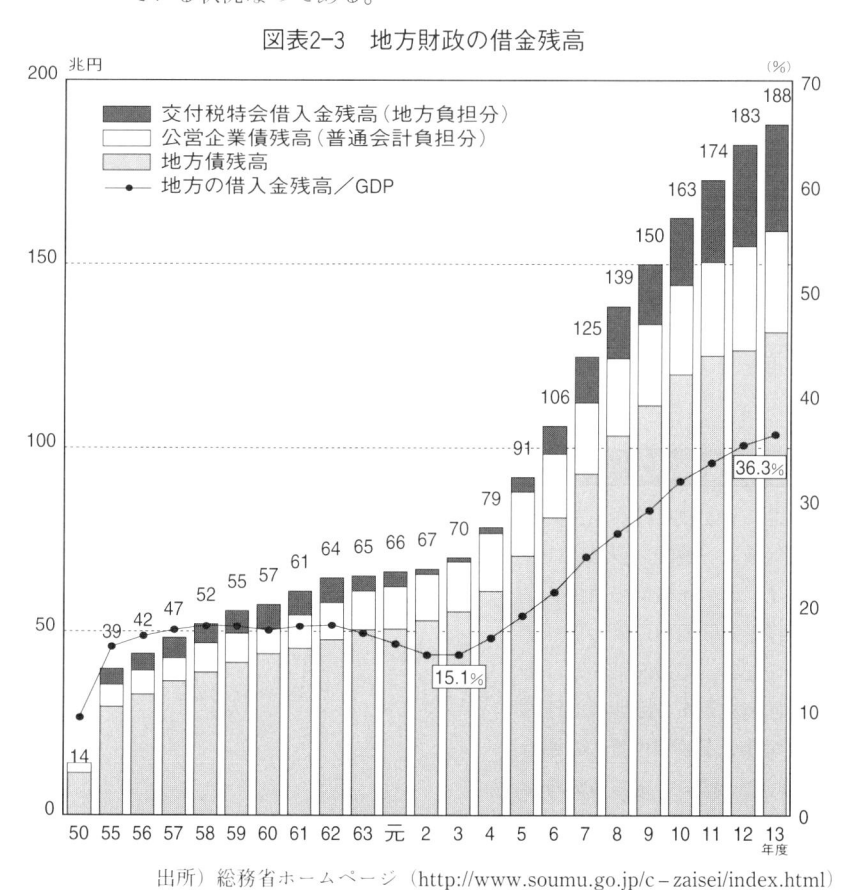

図表2-3　地方財政の借金残高

出所）総務省ホームページ（http://www.soumu.go.jp/c-zaisei/index.html）

2 危機的な状況の地方財政

■戦後3回目の地方財政危機■

「地方財政危機」は実は今回が初めてではない。1954年度には、朝鮮戦争後のデフレにより農村地域を中心に34都道府県、2,247市町村が赤字を出している。また、1975年度の財政危機は、オイルショックによる不況と高度成長期に人口急増した都市部の需要拡大の中で生じている。今回の財政危機は戦後3回目ということになる。

図表2-4 戦後3回の地方財政危機の様子－赤字自治体数の比較 (単位：億円)

	総数		都道府県		市町村	
	自治体数	赤字額	自治体数	赤字額	自治体数	赤字額
1954年度	2,281	649	34	264	2,247	385
1975年度	269	2,033	27	1,171	242	862
1999年度	26	1,269	4	1,148	22	121

出所）総務省（旧自治省）編『地方財政白書』各年版から作成

赤字団体

一般的には、決算において実質収支（歳入－歳出－翌年度に繰り越す財源）が赤字の団体を言う。標準財政規模に対して一定以上の赤字（都道府県5％、市町村20％）がある団体は、地方財政再建促進特別措置法の準用を受けない限り、地方債発行などに制限を受ける。

さて、図表2-4を見る限り、今回の財政赤字はそれほど深刻ではなさそうである。しかし、実際には東京都や大阪府、愛知県といった裕福なはずの大都市が相次いで財政危機宣言をしている。事態がそれだけ深刻なのである。では、今回の財政赤字の特徴はどんな点にあって、どのように深刻なのだろうか。

第2章 財政危機と市町村合併

■財政危機を示すさまざまな指標の悪化とその背景■

まず、経常収支比率という指標の推移を見てみよう。これは、地方税や普通交付税など使い道に制限のない財源(一般財源)が、資産(道路や建物)の取得以外の経費、すなわち日々の行政サービスを提供するための経費(人件費、扶助費、公債費など)にどれだけ使われたかを示す数値である。この数値が高いほど、自由に使える財源が少なく、財政は硬直化しているとされる。適正な水準は都市では75%程度、町村では70%程度である。

経常収支比率はバブルの最中の1989年度には69.8%まで低下したが、地方債の返済費用である公債費が増加するなどして、1998年度には89.4%に上昇して財政の硬直化が進んだ。100%を超えること、つまり一般財源を日常の経費に使いきってしまい、自治体の特色ある仕事に回せない自治体も出てきている(図表2-5)。

図表2-5 経常収支比率(1999年度)

	70%<	70%≧ 80%<	80%≧ 90%<	90%≧ 100%<	100%≧	計
都道府県	—	5	26	12	4	47
市町村	160	1,258	1,547	243	21	3,229

出所) 総務省編『地方財政白書』13年版より作成

義務的経費
支出が義務づけられていて任意に節減できない経費。歳出のうち、ランニング・コストである経常経費にあたるものの中で、人件費、扶助費(生活保護法等による各種扶助や自治体単独の扶助経費)、公債費(地方債の元利償還費)が該当する。

特定財源
財源の使い道が決められているもの。国庫支出金(都道府県支出金)、地方債、分担金・負担金、使用料・手数料、寄付金のうち使い道が指定されているものが該当する。

さて、この数値の悪化について、その背景を考えてみよう。

まず、いえるのは、借金(地方債)の返済費用である公債費が地方債の残高増加にともなって増えたために悪化したとい

うことである。そのほかに、人口の高齢化に伴う福祉・医療経費（具体的には、老人医療事業会計や国民健康保険事業会計への繰出金、病院事業会計への補助金）の増加や、行政サービスの専門化や行政改革に伴う下請化・民間委託化による委託料（物件費）の増加も悪化の原因ということができる。介護保険の本格的実施が進むと、悪化の要因はますます重みを増してくるだろう。景気悪化による地方税収の低迷も大きな要因であることには間違いない（ただし、後に説明するように（図表2-8）、一般財源ベースでは、不足額が地方交付税で補てんされるため、その影響はあまり出ない場合もある）。このように見てくると、今度の財政危機には、国により誘導された公共事業のための借金と、それに加えて少子高齢社会の到来などの構造的な要因も関わっており、今後、地方財政運営がますます厳しくなることが予想できる。

■地方自治体が直面する3つの課題■

少子高齢化以外に、地方自治体が今後10〜20年の間に直面する課題が3つある。ヒト、モノ、カネのストックサイクルである。

第1は、退職する職員がピークを迎える。昭和40年代の行政に対する需要の拡大とともに、各自治体では職員数が一気に増加した。このときに採用された職員があと10年前後で退職を迎える。当然、退職手当の支払いとなるが、財政難の自治体ではその積立も取り崩している。そうなれば退職手当債という借金によらざるを得なくなるが、これは、建設地方債とは違い、将来のための施設などが残らない借金であるため、財政はますます厳しい自転車操業の状態になるだろう。また、ベテラン職員の大量退職による行政サービスの影響についても、大きな問題となろう。

第2は、地方自治体の施設の更新である。やはり、行政需要の拡大に伴って建設された庁舎・施設などが老朽化して更新時期を迎える。更新のために新たにつくり直すのではなく、そのまま補修を繰り返しながら持たせようとしても、維持補修費という費用が増大する。

第3は、地方債の償還や借り換えが集中することである。バブル経済でのハコモノ建設やその後の景

建設地方債と赤字地方債

公共用施設などの建設事業費等の財源とするために発行される地方債を建設地方債、歳入が歳出に不足したために生じた一般的な赤字を補てんするために発行する地方債を赤字地方債という。原則として、赤字地方債の発行は認められていない。

気回復のための投資で借金した分の返済が今後ピークを迎える。これまでのところは、毎年度の借金返済分について、現金で返すのではなく新たに借金をして返す「借り換え」という資金調達で行ってきている。しかし、これは右肩上がりで経済が伸びていった時代にできたことである。低成長下で国と地方とが目一杯借金残高を抱えているという状況のもとでは、借り換えに頼ることはできない。したがって、財政を何とか黒字にして（支出を減らすか、収入を増やすか、あるいはその両方）、現金返済をしなければならなくなるだろうが、はたして、自治体にその体力が残っているだろうか。

③ 自由のきかない地方財政制度

■歳出の自治がない■

前項では、地方財政危機の原因が景気悪化だけにとどまらず、日本社会の抱える少子高齢化などの構造的なものによるものであることを指摘した。では、打開策はあるのだろうか。まず、「現状では決め手となるものはない」と答えざるを得ない。なぜならば、今の地方財政制度のもとでは、地方自治体が収入を増やそうとしても大幅に増やすことができず、さらに支出についても国の指示にしばられているからである。

国と地方との関係を財政面から眺めてみると、歳入（税財源）の配分では国の取り分がおよそ6割、地方が4割となっているのに、

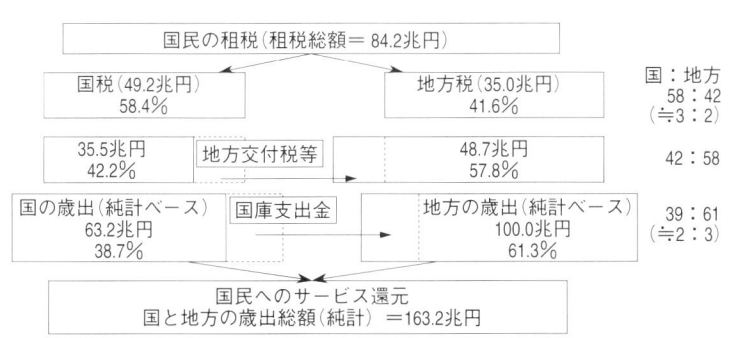

図表2-6　国・地方間の財源配分（1999年度）

```
              国民の租税（租税総額＝84.2兆円）
        ┌──────────────┴──────────────┐
   国税（49.2兆円）              地方税（35.0兆円）         国：地方
       58.4%                         41.6%                58：42
                                                        （≒3：2）
     35.5兆円     地方交付税等      48.7兆円
      42.2%                          57.8%               42：58

   国の歳出（純計ベース） 国庫支出金  地方の歳出（純計ベース）
      63.2兆円                        100.0兆円            39：61
       38.7%                           61.3%             （≒2：3）
        └──────────────┬──────────────┘
              国民へのサービス還元
         国と地方の歳出総額（純計）＝163.2兆円
```

出所）総務省ホームページ（http://www.soumu.go.jp/c-zaisei/index.html）

歳出つまり仕事量で見ると、その数字が逆転する。この埋め合わせは、図表2-6に示すように、主に国庫支出金と地方交付税によって行われている。国庫支出金は、その使い道が国に細かく決められている「特定財源」である。一方、地方交付税は自由に使える「一般財源」であるといっても、個々の自治体がある事業を考え出したからといって、その経費をそのまま上乗せして交付するようなことはない。つまり、国が考えたとおりにやっていれば、当面の経費は賄えられるというものなのである。

■ 歳入の自治がない ■

では、国庫支出金と地方交付税以外の財源について、自治体は自由に決められるのだろうか。自治体が集めて自由に使えるお金が地方税である。この地方税にしても、行政サービスのレベルなどに合わせて、自治体が勝手に増減しにくい仕組みになっている。したがって、日本ではほとんど全国一律の税率となっているのである。また、地方債にしても、勝手に発行できるわけではない。どちらも国による統制がかけられている（図表2-7）。

地方分権推進の流れのなかで、上記のようなコントロールは改善されてきているものの（地方債の「許可制」を条件付で「協議制」など）、財源の配分割合を変えたり、歳入の自治を広げたり、というような抜本的な改正にはいたっていない。

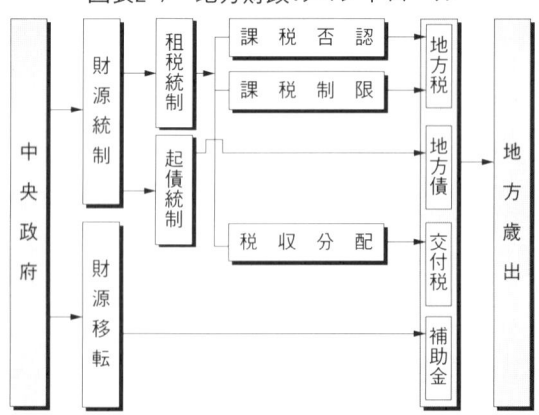

図表2-7　地方財政のコントロール

```
                  ┌─ 租税統制 ┬─ 課税否認 ─┐ ┌─ 地方税 ─┐
          ┌ 財源統制┤            └─ 課税制限 ─┤ │           │
中央政府 ─┤          └─ 起債統制 ─────────────┤ ├─ 地方債 ─┤─ 地方歳出
          │                                    │ │           │
          │                       ┌─ 税収分配 ─┤ ├─ 交付税 ─┤
          └ 財源移転 ──────────────┘            │ │           │
                                                 └─ 補助金 ─┘
```

出所）神野直彦『地方自治体壊滅』（ＮＴＴ出版、1999年）p.104

■今後の地方分権推進・構造改革と地方財政■

2001年6月、これまで述べてきた地方財政制度が抱える課題の解決を具体的に盛り込んだ文書が相次いで提出された。地方分権委員会における「最終報告」と小泉内閣の経済財政諮問会議による「今後の経済財政運営及び経済社会の構造改革に関する基本方針（以下「骨太の方針」という）」である。

最終報告は、「国から地方への税源移譲により地方税源の充実をはかっていく必要があり、その際には、税源移譲額に相当する国庫補助負担金や地方交付税の額を減額するなどにより、歳入中立を原則とすべきである」としている。地方の税源を増やすことで歳入面での自由度を増す必要があると指摘する一方で、現在の財政危機を考えれば、一方的に地方の歳入が増加することは許されず、国庫補助金や地方交付税の減額もはからなければならないとしているのである。また、骨太の方針も次のように、国庫支出金や地方交付税の見直しを示唆している。「地方税を充実確保することとし、国と地

図表2-8　歳入総額に占める一般財源の分布状況（1999年度）

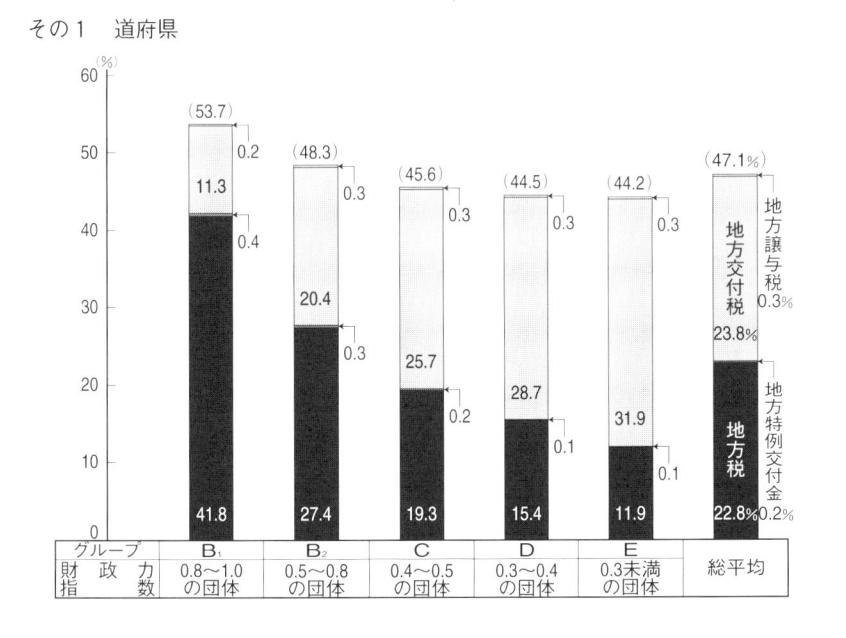

その1　道府県

グループ	B₁	B₂	C	D	E	総平均
財政力指数	0.8〜1.0の団体	0.5〜0.8の団体	0.4〜0.5の団体	0.3〜0.4の団体	0.3未満の団体	
合計	(53.7)	(48.3)	(45.6)	(44.5)	(44.2)	(47.1%)
地方譲与税	0.2	0.3	0.3	0.3	0.3	0.3%
地方交付税	11.3	20.4	25.7	28.7	31.9	23.8%
地方特例交付金	0.4	0.3	0.2	0.1	0.1	0.2%
地方税	41.8	27.4	19.3	15.4	11.9	22.8%

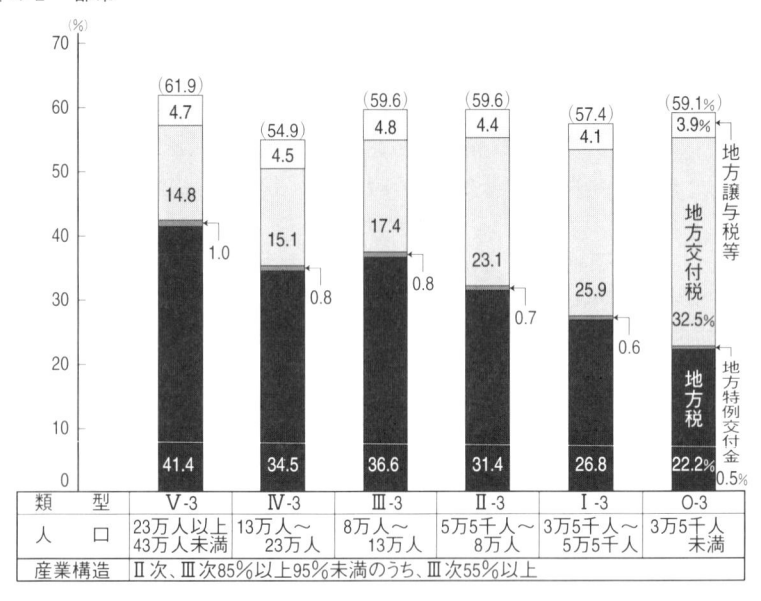

第1部 いまなぜ市町村合併なのか

その2 都市

類　型	V-3	IV-3	III-3	II-3	I-3	0-3
人　口	23万人以上43万人未満	13万人〜23万人	8万人〜13万人	5万5千人〜8万人	3万5千人〜5万5千人	3万5千人未満
産業構造	II次、III次85％以上95％未満のうち、III次55％以上					

（上段から）
- V-3: (61.9) 4.7 / 14.8 / 1.0 / 41.4
- IV-3: (54.9) 4.5 / 15.1 / 0.8 / 34.5
- III-3: (59.6) 4.8 / 17.4 / 0.8 / 36.6
- II-3: (59.6) 4.4 / 23.1 / 0.7 / 31.4
- I-3: (57.4) 4.1 / 25.9 / 0.6 / 26.8
- 0-3: (59.1%) 地方譲与税等 3.9％ / 地方交付税 32.5％ / 地方特例交付金 0.5％ / 地方税 22.2％

その3 町村

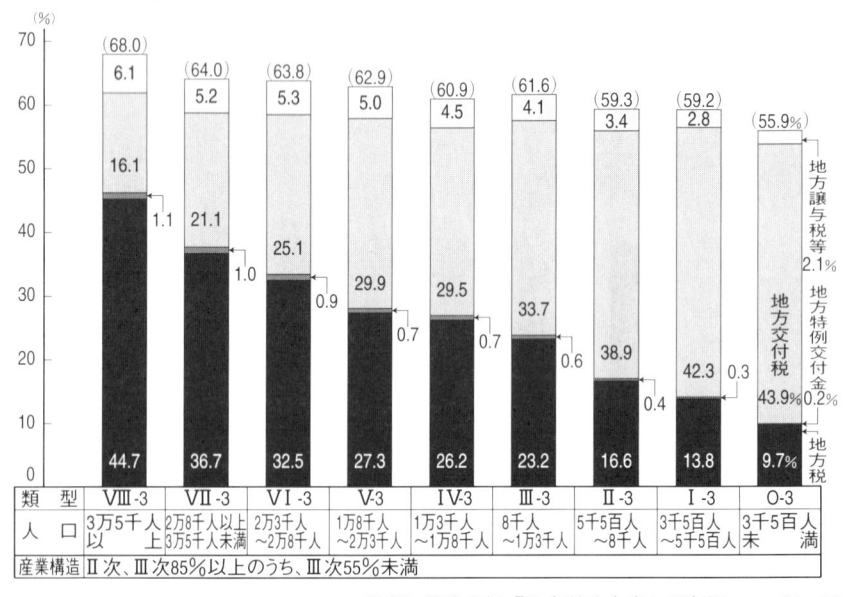

類　型	VIII-3	VII-3	VI-3	V-3	IV-3	III-3	II-3	I-3	0-3
人　口	3万5千人以上	2万8千人以上3万5千人未満	2万3千人〜2万8千人	1万8千人〜2万3千人	1万3千人〜1万8千人	8千人〜1万3千人	5千5百人〜8千人	3千5百人〜5千5百人	3千5百人未満
産業構造	II次、III次85％以上のうち、III次55％未満								

（上段から）
- VIII-3: (68.0) 6.1 / 16.1 / 1.1 / 44.7
- VII-3: (64.0) 5.2 / 21.1 / 1.0 / 36.7
- VI-3: (63.8) 5.3 / 25.1 / 0.9 / 32.5
- V-3: (62.9) 5.0 / 29.9 / 0.7 / 27.3
- IV-3: (60.9) 4.5 / 29.5 / 0.7 / 26.2
- III-3: (61.6) 4.1 / 33.7 / 0.6 / 23.2
- II-3: (59.3) 3.4 / 38.9 / 0.4 / 16.6
- I-3: (59.2) 2.8 / 42.3 / 0.3 / 13.8
- 0-3: (55.9%) 地方譲与税等 2.1％ / 地方交付税 43.9％ / 地方特例交付金 0.2％ / 地方税 9.7％

出所）総務省編『地方財政白書』13年版、pp.66〜68

方の役割分担の見直しを踏まえつつ、国庫補助負担金の整理合理化や地方交付税のあり方の見直しとともに、税源移譲を含め国と地方の税源配分について根本から見直しそのあり方を検討する。」

　こうした大きな流れの中で影響を受けるのは、国庫補助負担金や地方交付税などが大きな割合を占めている自治体である。どのような自治体かといえば、図表2-8からわかるように、都市・町村では、人口規模の小さい自治体ということになる。町村の場合、人口が8千人未満になると、地方税の歳入に占める割合は16％（約6分の1）を下回るようになり、一方で地方交付税（及び地方譲与税等）が40％を超えるようになる。税源移譲があった場合でも、こういった小規模町村の財政力が飛躍的に伸びることは考えづらい。さらに、2002年度概算要求で総務省は、地方交付税の算定における留保財源率の見直しの検討を明らかにした。地方交付税は標準的なサービス費用としての基準財政需要額と収入の見込み額である基準財政収入額の差額として計算される。この基準財政収入額は、過去の実績などをもとにした税収の見込み額から、都道府県で20％、市町村で25％と定められた留保財源分を除いたもので、この率を引き上げる方向で検討しているのである。率が上がると、地方税収の多いところはますます自治体独自の財政需要に対応することができるようになるし、徴税努力や独自課税といった自治体の積極的な姿勢が反映されやすくなる。また、税収見込みを下回った場合でもすぐに歳入不足に陥るようなこともなくなる。しかし、地方税収のもともと少ない自治体にはメリットがあらわれず、自治体間の格差がますます大きくなるはずである。規模の小さな町村では税収が少なく徴税努力や独自課税に限界のある場合が多い。このままでいくと財政がますます厳しくなる可能性は高いといえる。

4 財政の効率化と市町村合併

　いま、国と地方とが未曾有の構造的な財政危機の状態にあり、景気が回復したとしても大きな改善は見込めない。また、少子高齢化などの理由から行政サービスがますます広域化・多様化・高度化するという指摘もある。こうした事態に対処するためには、広域連合などの広域行政や行政サービスの外部委託といった手法も検討する必要がある。しかし、これらの対応はいずれも、「利害調整」や「行政の総合性」という課題を抱えている。となると浮上してくるのは

市町村合併である。そこで、以下、地方財政危機と広域化・多様化・高度化する行政サービスへの要求という2点を踏まえながら、市町村合併を検討してみたい。

■住民数と財政支出の関係■

　財源が増えない現状において財政危機を乗り越えるためには、行財政の効率化をはかることが当面の課題となる。

　行財政の効率化には2つの道がある。第1は、事業の見直しや歳出の削減など市町村の内部で進められる「行財政改革」である。第2は、市町村の規模を大きくすることで「規模の経済性」を得ることである。ここでは、後者について説明する。

　「住民数と役所の支出額との関係は、住民数（自治体の規模）が多くなるにつれて住民1人当たりの額が少なくなり（財政の効率性が高まり）、ある規模を超すとまた多くなる」という研究結果が出ている。確かに、どんなに小さな町村にも首長・議員がいて庁舎があって、人事や財政などの管理部門があることを考えれば、このことは感覚的に理解できる。これまでの研究成果については、前提条件などが異なるので結果も違ってきているが、おおむね共通して言

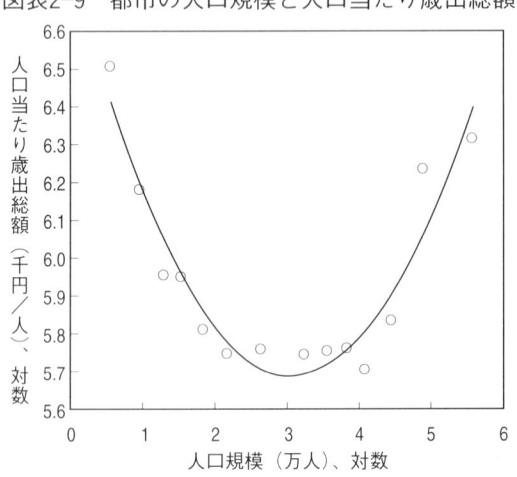

図表2-9　都市の人口規模と人口当たり歳出総額

出所）吉村弘『最適都市規模と市町村合併』（東洋経済新報社、1999年）p.112

第2章 財政危機と市町村合併

> **一般財源**
>
> 財源の使い道が決められていないで、どのような経費にも使用することができるもの。地方税、地方譲与税、地方交付税などが代表的であるが、他に、財政調整基金などの取崩し額や、使用料・手数料で必要経費を超える収入部分も該当する。

えるのは、「(図表2-9に示すように)住民1人あたりの支出額は人口が多くなるに従って低下して、人口がある一定規模を超えると、再び上昇する。このある一定規模が、財政的に最も効率的な人口規模である」という結論である。

■規模の経済性■

　人口規模が大きくなり役所の職員数が多くなると、管理部門などのいわゆる「固定費用」の割合が低くなることから、住民1人当たりの歳出が低下する。これが市町村合併を論ずる際の「規模の経済性」の核心である。ただし、規模の経済性は1つの生産物について「通常」考えられるもので、自治体のようにさまざまな財やサービスを提供する場合には、議論は単純ではない。

　たとえば社会保障関係支出から見た規模の経済性についての研究[1]によれば、費用最小を達成する人口規模は、社会福祉費で17万人、高齢保健福祉費で42万人であるという。

　また、厚生省(現厚生労働省)によれば、ダイオキシンなどの問題が出ないためには、ゴミ処理量が1日300トン、最低でも100トンを処理する焼却炉が必要である。これは、1日平均のゴミ・し尿排出量を1kgとすると、$\boxed{100\text{t} \div 1\text{kg} = 100{,}000\text{人}}$と考えて、10万人以上の後背人口が必要ということを意味する。同じように、特別養護老人ホームの設置については、定員を50人、町村部の高齢化率を20%、ゴールドプラン上の入所者発生率を1.25%とした場合に、$\boxed{50\text{人} \div 20\% \div 1.25 = 20{,}000\text{人}}$が最低人口となる。

　このように個別の財・サービスによって規模の経済性には大きな開きがある。この点を考えると、それぞれの行政分野で広域的な連携をはかっていくことで効率的な財政運営ができるということも考えられそうである。

■面積と財政支出の関係■

　財政支出については、人口だけでなく面積も重要な要因となっている。これも感覚的に理解できることだろう。行政区域の面積が広くなれば、それだけサービス供給に要する移動時間がかかり交通費も増加して、効率が悪くなるといえるからである。図表2-10をみると、面積が広くなるにつれて人口1人当たりの支出額が増えることがわかる。また、同じ面積であれば、やはり、効率が最もよくなる

図表2-10　人口規模および面積と人口当たり歳出総額（都市）

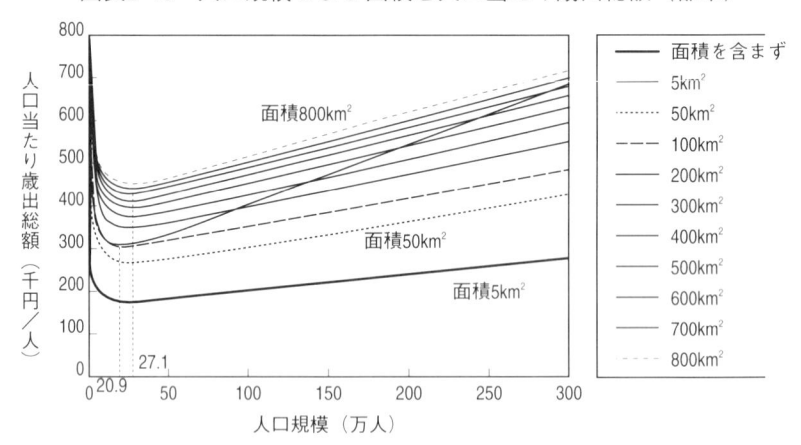

図表2-11　人口規模および面積と人口当たりの歳出総額（町村）

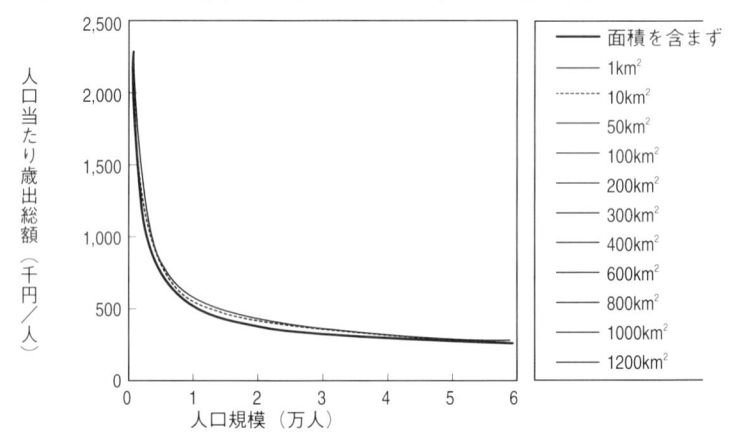

出所）図表2-9と同じ。p.231、p.235

人口数の存在することも理解できる。

ただし、町村のみを分析した場合には、面積による影響は少なく、人口規模によって人口1人当たりの歳出総額は減少しており、人口1万人未満になると、人口1人当たりの歳出総額は著しく増加する（図表2-11）。

また、面積ごとに、最も1人当たりの歳出額が最低値をとる人口規模を求めた別の研究成果[2]では図表2-12のとおりである。

図表2-12　人口1人あたりの歳出額が最低値をとる人口規模（面積別）

面積 (k㎡)	1人当たりの歳出額が 最低値をとる人口規模	面積 (k㎡)	1人当たりの歳出額が 最低値をとる人口規模
10	90,641人	200	154,130人
25	106,622人	300	165,612人
50	120,557人	500	181,304人
100	136,314人	1000	205,000人

出所）横道清孝、沖野浩之「財政的効率性からみた市町村合併」『自治研究』（第72巻第11号、1996年）から作成

■市町村合併と財政的効率性■

これまでに見てきたように、「規模の経済性」によって、人口規模が大きくなると住民1人当たりの支出額が減るという効果は、ある程度ある。人口1万人未満の町村部においてはその効果が大きい。だが、面積という要素を考えると、あまり広すぎるとその影響は相殺されてしまう。また、民生費、衛生費、消防費などのように細かく行政サービスの費用を見ていくと、効率のよい規模にはかなりの開きがある。しかも、これは、現在の地方自治体の歳出構造を前提にしている分析であって、今後の人口構造や公共部門の役割の変化にともなって、「規模の経済性」を達成する条件は当然に変わるだろう。

このように考えると、市町村合併は財政的効率性を達成するためのひとつの方法であることは確かである。だが、重要なのはむしろ行政サービスのあり方・提供の仕方といわなければならない。つま

り、外部委託などによる効率化が重要であり、また、行政改革を進めて効率化を図ることも必要である。

　財政危機という現実と広域化などの要請に直面して、「まず合併ありき」ではなく、これらさまざまな手法により効率化を図る中で、地方自治体の果たす役割を再考しながら、合併を考えていくことが必要なのではなかろうか。

〔注〕
1)　齊藤愼「行政規模と経済効率性」『都市問題第90巻』(第3号、1999年)
2)　横道清孝、沖野浩之「財政的効率性からみた市町村合併」『自治研究』第72巻(第11号、1996年)

第2部
市町村合併を考える4つの手がかり

第3章 市町村の"適正"な大きさ

　第1部では、近年、市町村合併の必要性が盛んに唱えられるようになってきた背景を、地方分権と財政という2つの観点から見てきた。そこで明らかになったのは、地方分権の名の下に多くの仕事で国の関与が廃止・縮減されてくるなかで、自立して多くの仕事をこなし続けるだけの能力のある職員を十分に確保し、また、それをこなすだけの財政力を持つためには、市町村の大きさをある一定の規模以上にする必要があるという理由で、市町村合併が必要とされているということであった。

　以下、第2部では第1部を踏まえ、「市町村合併を考えるための4つの手がかり」と題して、それぞれの地域の自治にとって市町村合併が本当に必要なのかどうか、そして仮に必要だとすればどのような点に留意しながら合併問題に取り組んでいけばよいのか、などを考えるための4つの視点を提供している。

　このうち、本章では、市町村の大きさに"適正"な大きさはあるのかという、市町村合併の必要性が唱えられている背景とも密接に結びつく問題について、取り上げることにする。

1 仕事の質を保障するために

■必要最小限の仕事をするために■

　市町村の職員の数は、一定の人口規模以上であれば、大体、その市町村の人口規模に比例している。たとえば、図表3-1を見るとわかるように、三重県内の市町村の場合、人口千人当たりの一般行政職員数は、おおむね6人前後である。

　しかし、では人口千人の村で職員6人で仕事をしていけるかというと、さすがにその人数では、必要最小限の仕事もままならない。ある一定の人口規模を下回ると、必要最小限の仕事をするためにさえ、単位人口当たりで他の市町村よりも多くの職員を雇わなくてはならなくなるということである。

　図表3-1を見ると、こうした市町村は、おおむね人口2.5万人を下回るあたりから出現してくるようになる。三重県内の人口5万人以上の8市の、人口千人当たりの職員数の単純平均は5.86人、人口

2.5万人以上5万人未満の2市2町の平均も6.23人であるのに対して、1万人以上2.5万人未満の3市24町の平均は8.26人、人口5千人以上1万人未満の19町5村では11.21人、人口5千人未満の5町2村では17.12人となっている。

このことから、経験則的には、過剰に職員を雇うことなく必要最小限の仕事をこなせるためには、人口2.5万人程度の規模が、市町村には必要なのではないかと推測できる。だが、そもそも必要最小限の仕事とは、どのような仕事なのだろうか。そして、そのような仕事をこなしていく上での最低限必要な人口規模を示す、何らかの根拠はあるのだろうか。

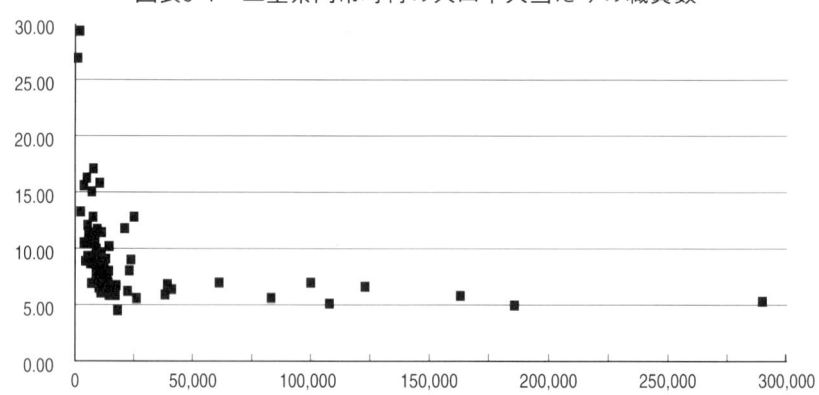

図表3-1　三重県内市町村の人口千人当たりの職員数

注）2000年度定員管理調査の結果および2000年10月1日実施の国勢調査の速報値の人口により著者作成

市町村の合併の推進についての指針

1999年8月6日付けで出された自治事務次官通知。市町村合併についての基本的な考え方を示すとともに、各都道府県に対し市町村の合併の推進についての要綱の作成を要請。

そこで、自治省（現総務省）の「市町村の合併の推進についての指針」（以下「指針」という。）に基づいて、どのような事務をこなすことが市町村には求められていて、その事務をこなすには最低どの程度の市町村の規模が必要だとされているのかを、整理することにする。

第3章 市町村の"適正"な大きさ

■ 指針の示す最低限必要な大きさ ■

「指針」は、「合併後の人口規模等に着目した市町村合併の類型」として、①人口50万人超、②人口30万人・20万人程度、③人口10万人前後、④人口5万人前後、⑤人口1万人～2万人程度という5つの類型を示し、「基幹的な行政サービスを適切・効率的に提供するため」には、少なくともこの⑤の人口1万人～2万人程度は必要としている（図表3-2参照）。

どうして、この規模が、最低限必要な規模とされているのであろうか。指針によると、中学校の設置（標準法による基準での最小：13,200人程度で1校）、デイ・サービス／デイ・ケアの設置（新ゴールド・プラン1.7万か所：7,300人程度に1か所）、在宅介護支援センター（新ゴールド・プラン1万か所：12,500人程度に1か所）、建築技師の設置（1万人程度）といった市町村の基幹的な行政サービスを市町村が単独で実施するためには、最低限1万人～2万人の人口が必要というわけである。

この人口規模は、先に見た経験則的な人口2.5万人程度という規模よりは、若干小さくなっている。しかし、それでも人口千人あたりの一般行政職員数を10人以内に抑えることが可能な規模である。指針は、中山間地域や離島内での町村合併を重視しているようであるが、これらの地域で合併を考える場合には、この程度の規模で、やむをえないということであろう。

いずれにしても、かつての昭和の大合併のときには、中学校を設置・維持できる規模という根拠から、人口おおむね8千人程度が最低規模とされていたが、今回の市町村合併推進論においても、依然として中学校を設置・維持できる人口規模の試算が、最低限必要な大きさの根拠とされている点は、興味深い。

なお、各都道府県が、国の指針をうけて策定した「市町村の合併の推進についての要綱」（以下「要綱」という。）も、その名称や内容には若干の違いはあるが、基本的には、指針の類型を参考にしているようである。具体的には、それぞれの都道府県における合併の類型を示した上で、この類型を実際の市町村合併に当てはめ、いくつかの組み合わせ案（合

> **市町村の合併の推進についての要綱**
>
> 自治事務次官通知をうけて、2000年度中に各都道府県が策定したもの。名称は各都道府県により異なる。具体的な合併パターンの例示や、都道府県の合併支援策などがその内容。

併パターン）を提示しているものが多い。都道府県によっては、要綱で類型を示していないもの、合併パターンを示していないものもあるが、合併パターンが示されている場合、おおむね人口1万～2万人程度が、最も人口の少ないパターンとなっている。

図表3-2 市町村の合併の推進についての指針（抜すい）

【合併後の人口規模等に着目した市町村合併の類型】

1. 人口50万人超
 (1) 想定される典型的な地域
  ・複数の地方中核都市が隣接している場合
  ・大都市圏において、複数の中小規模の市が隣接している場合
 (2) 合併を通じて実現すべき目標
  ・経済圏の確立
  ・高次都市機能の集積
  ・大都市圏における一極集中の是正
  ・指定都市への移行による都道府県も含めたイメージアップ
 (3) 人口規模と関連する事項
  ・指定都市

2. 人口30万人・20万人程度
 (1) 想定される典型的な地域
  ・地方中核都市と周辺の市町村で一つの生活圏を形成している場合
  ・大都市圏において、市街地が連たんした複数の小面積の市が隣接している場合
 (2) 合併を通じて実現すべき目標
  ・都市計画、環境保全行政等の充実、保健所の設置など
  ・中核的都市機能の整備
  ・急激な人口増加への広域的な対応
  ・都道府県全体の発展の中核となる都市の育成
  ・中核市・特例市への移行によるイメージアップ
 (3) 人口規模と関連する事項
  ・中核市（30万人以上）
  ・特例市（20万人以上）
  ・一般廃棄物処理（（効率的なサーマルリサイクルが可能な）300t/日規模の施設の目安：20～25万人）

第3章 市町村の"適正"な大きさ

- 老人保健福祉圏域（平均36万人）
- 二次医療圏（平均35万人）
- 広域市町村圏の実態（平均21万人）

3．人口10万人前後
  (1) 想定される典型的な地域
    - 地方圏において、人口の少ない市と周辺の町村で一つの生活圏を形成している場合
    - 大都市周辺において、人口の少ない市町村が隣接している場合
  (2) 合併を通じて実現すべき目標
    - 高等学校の設置や一般廃棄物の処理（焼却）など一定水準の質を有する行政サービスの提供
    - 県下第2、第3の都市の育成による県全体の均衡ある発展
  (3) 人口規模と関連する事項
    - 広域市町村圏の設定基準（概ね10万人以上）
    - 消防の体制整備（10万人程度）
    - 高等学校の設置（10万人以上の市）
    - 一般廃棄物処理（焼却）（100t/日規模の施設の目安：7〜9万人）
    - 女性に関する施策を専ら担当する組織（課相当）の設置（10万人程度）

4．人口5万人前後
  (1) 想定される典型的な地域
    - 地方圏において、隣接している町村で一つの生活圏を形成している場合
  (2) 合併を通じて実現すべき目標
    - 福祉施策等の充実（福祉事務所の設置等）
    - グレードの高い公共施設の整備
    - 計画的な都市化による圏域全体の発展
    - 市制施行
  (3) 人口規模と関連する事項
    - 大都市周辺において、人口の少ない市町村が隣接している場合
    - 市制施行の要件（5万人（合併特例4万人））（福祉事務所の設置等）
    - 市町村障害者社会参加促進事業の単位（「厚生省関係障害者プランの推進方策について」（平成8年11月15日付け厚生省大臣官房障害保健福祉部長通知）参照）
    - 特別養護老人ホーム2か所、デイ・サービス7か所、ホームヘルパー70人弱
    - 環境政策一般部門の専任組織（課相当）の設置（3万人程度）

第2部 市町村合併を考える4つの手がかり

5．人口1万人～2万人程度

(1) 想定される典型的な地域
- 中山間地域等において、地理的条件や文化的条件によるまとまりなど、複数の町村が隣接している場合
- 離島が、複数の市町村により構成されている場合

(2) 合併を通じて実現すべき目標
- 適切かつ効率的な基幹的行政サービスの提供

(3) 人口規模と関連する事項
- 町村合併促進法（昭和28年）における標準（最低）規模（概ね8,000人）
- 中学校の設置（標準法による基準での最小：13,200人程度で1校）（1学校当たりの生徒数を480人（1学級当たり生徒数40人×12学級）とする等の仮定を置いた場合（自治省試算））
- デイ・サービス／デイ・ケアの設置（新GP1.7万か所：7,300人程度に1か所）
- 在宅介護支援センターの設置（新GP1万か所：12,500人程度に1か所）
- 特別養護老人ホームの整備（最小規模50床を基準（なお、大都市、過疎地等では例外的に30床）：2万人程度）
- 2万人ではデイ・サービス3か所、ホームヘルパー30人弱
- 建築技師の設置（1万人程度）

※新GP＝新・高齢者保健福祉推進10か年戦略（新ゴールド・プラン）

なお、上述の(3)をみれば、保健福祉、学校教育といった基幹的な行政サービスを適切・効率的に提供するためには、少なくともこの「5．人口1万人～2万人程度」という類型の規模は期待される。

第3章 市町村の"適正"な大きさ

2 最も効率のよいサイズとは

■最低の規模と最適な規模■

　だが、最低限の規模が、これらのサービスの供給に最も適した規模というわけではない。図表3-1で見たように、人口規模が一定規模を超えれば、人口千人当たりの職員数は、ほとんど変わらなくなる。人口あたりの職員数が同じであれば、それらの職員がこなす仕事の量もほとんど同じになるということも考えられるが、実際にはそうではない。事実、指針をみると、人口規模が大きい市は一般の市町村以上の仕事をこなすことが可能だとみなしている（図表3-2参照）。

　人口規模が大きくなれば、基幹的な行政サービス以外のサービスについても提供できる余裕が出てくるというわけである。

　それでは、人口規模が大きくなればなるほど、市町村は、多くの行政サービスを提供できる余裕が出てくるのだろうか。それとも、市町村が行政サービスを提供するのに、最も望ましい規模というのが、あるのであろうか。あるとしたら、それはどれ位の規模なのであろうか。

　以下、最適規模の試算が示されているいくつかの文献を紹介しながら、最適規模に関する議論を整理してみたい。

■U字説■

　一般に、一定の人口規模までは、人口が増えれば増えるほど、人口1人当たりの基準財政需要額は低くなる、すなわち規模の経済性が働くとされている。

　しかし、人口が一定規模を超えると、今度は逆に、大都市特有の行政需要などが増加し、マイナスに働くようにもなる。例えば、大都市は一般に過密であることが多いが、このような過密な都市の中で良好な住環境をつくろうとしても、都市公園1つつくるのに、土地代だけで何億もかかってしまうといった事情が生じる。このため、人口が多くなりすぎると、1人当たりの基準財政需要額は、増えていく傾向が強くなる。

　こうした、人口規模と人口1人当たりの基準財政需要額との関係をグラフにすると、一定の人口規模までは基準財政需要額は減少し

それを超えると増加していくという、U字型のグラフを描くことができる。

そして、U字型のグラフの底となる人口規模を、市町村の最適規模とする考え方が出てくる。たとえば、吉村弘『最適都市規模と市町村』（東洋経済新報社、1999年）では、「地方財政の観点からみた最適都市規模は人口約30万人弱であると考えるのが妥当」だとしている。こうした考え方を、ここではU字説と呼ぶ。

図表3-3　都市の人口規模と人口当たりの基準財政需要額
（都市階層別）―全国の市（東京23区を除く）

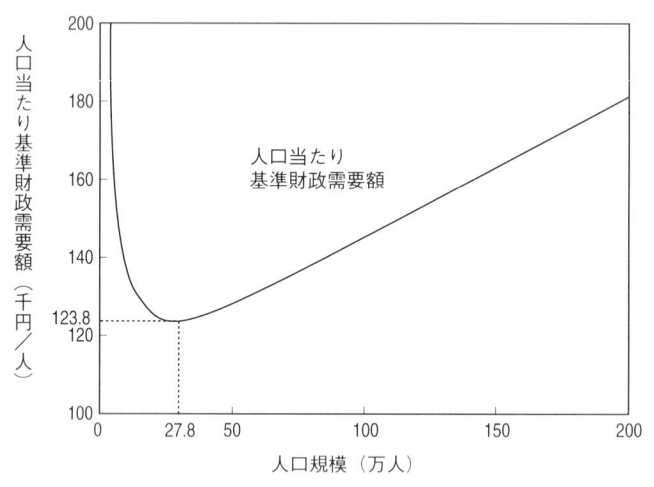

出所）吉村弘『最適都市規模と市町村』（東洋経済新報社、1999年）p.171、図7-4より基準財政需要額分のみ抜粋

■L字説■

これに対して、人口1人あたりの行政経費は、ある一定の人口規模になるまでは低下していき、それ以上に人口規模が拡大しても、あとは1人あたりの行政経費はほぼ一定であるから、この一定の規模以上の人口規模が、市町村の最適規模だという見方もある。

たとえば、斎藤精一郎ほか『日本再編計画』（PHP研究所、1996年）では、人口規模、可住地面積と1人あたりの歳出額との関係をグラフ化し、効率的な行政運営のためには、人口15万人を下回らない規模での再編が望ましいとしている。

第3章 市町村の"適正"な大きさ

こうした考え方を、ここでは、U字説に対してL字説と呼ぶ。

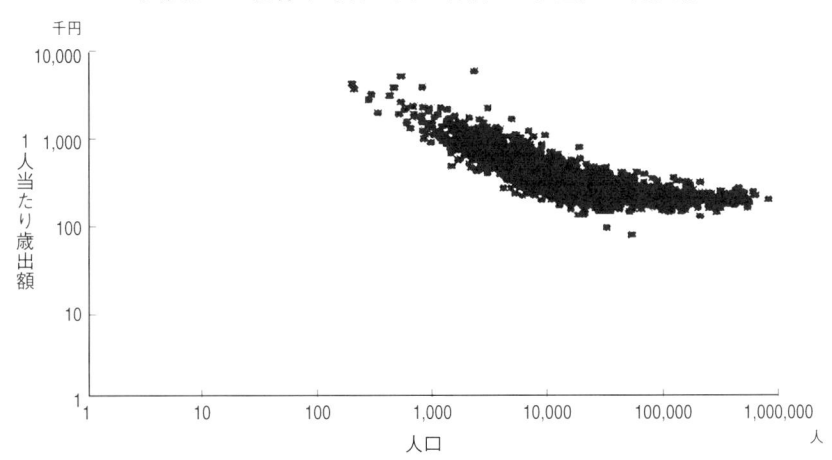

図表3-4 現行市町村の人口規模と1人当たり歳出額

注) 軸は対数表示
人口規模、可住地面積と一人当たり歳出額の相関を推計した結果
a 東京都区部を除く3,234市町村による推計
$\log($人口一人当たり歳出額$)=7.623481-2.09427\times\log($人口$)+0.201802\times(\log($人口$))^2$
$+0.150705\times\log($可住地面積$)$ adjR$^2=0.794$
人口一人当たり歳出額が最低になる人口は、約15万4,000人。
b 東京都区部、政令指定都市を除く3,222市町村による推計
$\log($人口一人当たり歳出額$)=7.733009-2.14937\times\log($人口$)+0.208516\times(\log($人口$))^2$
$+0.152144\times\log($可住地面積$)$ adjR$^2=0.795$
人口一人当たり歳出額が最低になる人口は、約14万3,000人。

出所) 斎藤精一郎ほか『日本再編計画』(PHP研究所、1996年) p.125

■最適規模■

　以上見てきたように、U字説でも、L字説でも、一定の人口規模までは、人口規模が大きくなればなるほど、市町村の行政効率は高くなるとされている。
　この一定の人口規模を超えて人口規模が大きくなった場合には、行政効率はかえって悪化していくと見るか、一定であると見るかは異なるものの、いずれにしても、このグラフが底を打つあたりの程度の人口規模が、最適な規模であるという点では、見解が一致するであろう。
　では、その底を打つのは、だいたい人口何人くらいの規模のとこ

ろであろうか。論者によって差があるものの、おおむね人口15万～35万人くらいの間で、底を打つとされている。

つまり、行政サービスの効率的供給という観点からすれば、人口15万～35万人くらいの間の人口規模の市町村が、最適規模の市町村ということになるのである。

3 人口だけで考えていいのだろうか

■青森市と明石市■

しかし、行政サービス供給の条件は、人口規模のみで決まっているわけではない。

一例を見てみよう。2000年10月に行われた国勢調査の速報値によれば、青森市の人口は297,763人、明石市の人口は293,122人で、両市の人口規模は、ほぼ等しいといえる。だが、片や冬には1m以上の積雪を記録することもある北国の都市であり、片や阪神都市圏の延長上に位置し、年平均気温が16度という瀬戸内に面する温暖な都市である。青森市は県庁所在地であり、明石市は一般市（2002年4月に特例市への移行を予定）であるという違いもある。歴史的な沿革も、大きく異なっている。面積も、青森市の692.4k㎡に対して明石市は49.2k㎡に過ぎず、これに応じて人口密度も、430人／k㎡と5,958人／k㎡という差がある。

いずれも、最適規模とされる人口規模の市である。だが、このような違いがあるなかで行政サービスを効率よく供給する上で、本当に、いずれの市も最適な規模であるといえるのであろうか。

行政需要は、本来、気候、面積、人口密度、都市機能など、さまざまな条件により異なってくるものと思われる。また、その行政需要の違いに応じて、行政サービスの供給のあり方にも相当の違いが出てくるであろうことも、容易に推測できる。つまり、人口以外のこうした条件も総合的に勘案しなければ、行政サービスの供給に最も適した市町村の規模は、割り出し得ないというべきである。

第3章 市町村の"適正"な大きさ

■南会津・吉野■

　もう一つ、例を挙げておこう。仮に、人口のみで最適規模を考えすべての市町村が人口15万〜35万人の規模になるように合併するとする。そうすると、人口密度の低い中山間地域などでは、かなり広大な面積の市町村とならざるを得ない。

　たとえば、福島県の南会津郡の7町村は、合計すると2341.83km²と、香川・大阪・東京・沖縄の各都府県よりも広い面積になるが、人口は合計35,002人に過ぎない。同様に、奈良県の吉野地方でも、面積は、1市3町10村合計して2346.83km²と、奈良県土の3分の2近くなるが、人口は96,905人に過ぎない。人口15万人を超える規模の市町村をつくろうとすると、さらに広大な市町村たらざるを得ないということである。

図表3-5　南会津と吉野の大きさ

　中山間地の峻険な地形であることを考え合わせると、これだけの広大な面積の中で、端から端までの移動には、相当の時間と労力を費やさなければならないことは、容易に想像できる。

仮に、こうしたところで市町村合併が行われ、それによって役場が統合されたとすると、役場から各集落までの移動時間は、合併前の旧町村の役場からの移動に比べて、格段にかかることになってしまう。それだけの時間・労力を払っても、なお補って余りあるだけの行政効率化の効果が期待できるのであろうか。はなはだ疑問である。

市町村の適正な規模は、人口のみではなく、面積や地形によっても、さらには気候や沿革などによっても、左右されると考えざるを得ない。

一般的に行政サービスを効率よく供給するためには、市町村合併が有効とされているが、小規模町村の効率化の手法としては、議会に替えて町村総会を開設する、企業やNPOあるいは府県への委託を積極的に行っていくなどの手法もありうる。それぞれの市町村のおかれた条件に見合う形での、効率的な行政サービスの供給が、模索されるべきであろう。

4 サービスを受ける側の視点ははいっているか

市町村が、サービスの供給にとって効率の良い大きさに再編されたとしても、逆にそれによって、行政サービスの受け手である住民の満足感が損なわれてしまうということがあるかもしれない。これでは、"適正"な大きさとは言えないであろう。"適正"な大きさといえるためには、サービスを提供する側の行政のみの論理ではなく、サービスの受け手の住民の利益にもなっていなければならない。

住民の利益は、どのような時に高まるのであろうか。住民にとっての利益とは、経済的な直接的な利益だけではない。効率化によって、サービスにかかるコスト増、すなわち増税が防がれることを利益と感じる住民もいれば、多少コストはかかってもキメの細かいサービスの提供を受けられることが利益と考える住民もいるだろう。

つまり、住民にとっての利益とは、どれだけの満足感を得られるかということなのだといえる。価値の多様化を受けて、環境保全、男女共同参画政策、景観誘導など、いわゆる行政需要は年々高まってきているが、その中で、行政サービスの、内容、量、質、あるいはそのための負担などのバランスをどのようにとって、どれだけ住民の満足感を高めることができるのかが、各市町村には問われてい

るのである。

　ここ数年、住民投票を求める住民運動が急激に増えつつある。全国各地で住民運動が噴出するようになってきたと言っても過言ではない。しかも、10数年前までの住民運動は、もっぱら都市住民の運動であったが、最近の住民運動は、町村レベルでも展開されるようになってきている。これは、市町村行政に対して住民が満足感を持たなくなってきたことの、ひとつのあらわれであるということがいえよう。あるいは、市町村行政と特定の住民との関係が深くなり過ぎてしまい、一般住民の意識と市町村行政との間に乖離ができてしまったために、住民が住民投票を求めて立ち上がるようになったといってもよい。

　こうした状況からいえば、住民の満足感を高めるためには、一般住民の目から見れば癒着ともとれるこれまでの特定住民と市町村行政との関係を見直し、一般住民と市町村行政との新たな関係を創る必要がある。市町村合併は、それを実現する大きなきっかけとなり得る。市町村の規模を大きくすることによって住民の満足感を損ねることなく、むしろ満足感を高めるような一般住民と市町村行政との関係を築くことができる場合には、市町村合併は成功したといえよう。そして、住民の満足感を高めることができれば、その市町村は、それだけ最適規模に近づいたといえるのである。

5 満足感を高めるために

　では、市町村合併と関連して、どのようなことを念頭において市町村の規模を模索していけば、住民の満足感を高め、最適な規模に近づけることが出来るだろうか。

住民投票
1996年に新潟県巻町で原発建設に関し行われたのを皮切りに、近年、岐阜県御嵩町や宮崎県小林市（産廃処理施設の建設）、徳島市（可動堰の建設）、新潟県刈羽村（プルサーマル施設）などで行われている。

　住民の満足感を高めることと関連しそうなこととしては、既に第2〜3節で行政サービス供給の効率化を、第4節で行政サービスの内容、質、量、あるいはそのための負担など、行政サービスの受け手にとっての、効率面以外の面での満足感を指摘してきた。

　住民の満足ということに関しては、ほかにも、いくつか考えておくべき点がある。以下では、それを見ていくことにする。

■住民の生活感覚と行政界の一致■

　第1部でも見たように、モータリゼーションの進展などにより、昭和の大合併当時と比べて、住民の生活圏は格段に拡大しているにもかかわらず、市町村の大きさは、昭和の大合併以降40年ほど、ほとんど変わっていない。これが、住民の生活と行政とのミスマッチを惹き起こし、市町村合併が必要とされるひとつの理由ともされている。

　地方自治の基本は、自分たちの地域のことは自分たちで決めるという自己決定・自律である。しかし、住民が、生活のなかで「自分たちの地域」と感じる地域の広がりが、行政界を越えて複数の市町村にまたがってしまっている場合、住民は、実質的には自分たちの地域と思っている地域での意思決定から疎外されてしまっているといえる。

　この自分たちの地域での意思決定からの疎外という状況を、市町村の規模を変更することで改善することが、住民の満足感の向上につながるであろう。

■民主主義・参加に適したサイズ■

　だが、いくら住民の生活感覚と行政界が一致しても、それが、住民が自由に意思を表明できるようなものとなっていなければ、やはり満足感は高まらない。

　たとえば、しばしば指摘されることだが、小規模な市町村などでは、選挙の際に、どこの家の誰が誰に投票したかが票数から、ほとんど推定できてしまうという。本来利益団体ではないはずの町内会・自治会などの地縁団体で、いわゆる集落推薦が行われて推薦候補への投票が強いられ、これに反する動きをしようとすると村八分にされかねない、といった現象も、いまだに散見される。

　地域の有力者間で事前に調整が図られ、立候補者数を定数以内に抑えて無投票当選させるといった、ボス支配がいまだに残っている地域さえあるという。

　こうした現象が見られる地域では、個々の住民が、地域の将来について自由に意見を述べ議論していく

> **地縁団体**
> 町内会・自治会などの一定の区域に住所を有する者の地縁に基づいて形成されている団体をいう。1991年の法改正により、法人格を得られるようになり、自治会等の名義での不動産登記が可能になった。

ことが、極めて難しくなってしまっている。

　しかし、ある程度の人口規模の市町村であれば、ボス間での調整など、到底出来なくなってしまう。また、投票総数も多くなることから、誰が誰に投票したかを推定することも困難になる。そうなれば、しがらみも希薄になり、力もしくは立場の弱い人々も、自らを主張しやすくなる。

　また、しばしば市町村合併により議員の総数が減ることをもって、民意が反映しにくくなると、問題視する向きもある。だが、法定定数をもとに考えれば、議員の当選に必要な得票率のハードルは、たいていの場合、市町村合併によって下がるのであり、市町村合併することで、かえって少数派も議会に代表を送り込みやすくなり得るのだという点も、見逃してはならない。

　価値の多様性を前提とする民主主義が成り立つためには、一定の匿名性と少数派の参加が確保される規模が必要なのである。

　もっともその一方で、直接民主主義の観点からは、あまり規模が大きくなってしまっては、住民の参加が困難になるという見方もある。日本の地方自治制度では、直接請求権など、一定の範囲内での直接民主主義的な仕組みが認められている。だが、一定の人口規模（おおむね人口30万人程度）を超えてしまうと、直接請求をしようにも短期間で署名を集めきれないなど、制度の直接民主主義的な部分が生かせなくなってしまうという指摘もある。

　住民が、地域でどのような民主主義を築いていこうと考えているのかによって、どのような規模にすることが満足を高めることにつながるのかも、異なってくるのである。

■住民による行政のコントロールの強化■

　今日では、市町村の事務とされている事務のうち、多くの事務が、複数の市町村により構成される一部事務組合などで、共同で処理されている。後に、第6章でも見るように、こうした広域行政を市町村合併の代替策と捉える向きもある。

　だが、広域行政で処理されている事務については、多くの場合、構成市町村のそれぞれの議会から選出される広域行政体の議会と、構成市町村の長の互選で選ばれる広域行政体の長とが、議決・執行の権限を握っていて、これを住民が直接コントロールすることが難しくなっている。市町村の広報紙や市町村議会報などは配布されて

も、広域行政体の広報が独自に配布されている地域は決して多くない。このことからも、住民と広域行政体との距離があることがうかがえよう。

図表3-6は、1998年7月に、自治省（現総務省）が調査した、全国の一部事務組合の事務の種類別割合である。このグラフを見るまでもなく、一般的に理解されていることであるが、一部事務組合では、ゴミやし尿などの環境衛生、消防、厚生福祉といった事務が処理されていることが多い。

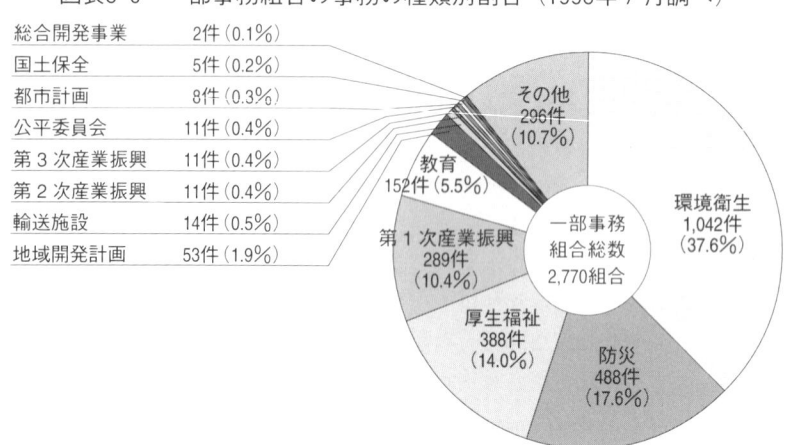

図表3-6　一部事務組合の事務の種類別割合（1998年7月調べ）

種類	件数	割合
総合開発事業	2件	(0.1%)
国土保全	5件	(0.2%)
都市計画	8件	(0.3%)
公平委員会	11件	(0.4%)
第3次産業振興	11件	(0.4%)
第2次産業振興	11件	(0.4%)
輸送施設	14件	(0.5%)
地域開発計画	53件	(1.9%)
その他	296件	(10.7%)
教育	152件	(5.5%)
第1次産業振興	289件	(10.4%)
厚生福祉	388件	(14.0%)
防災	488件	(17.6%)
環境衛生	1,042件	(37.6%)
一部事務組合総数	2,770組合	

出所）総務省ホームページ（http://www.soumu.go.jp/kouiki/kouiki5.html）

一部事務組合

地方自治体が、その事務の一部を共同で処理するために設ける組合。組合で処理するいくつかの事務のうち、一部の事務について共同処理に加わらない構成市町村がある場合、複合的一部事務組合という。

しかし、これらは住民の日常生活に極めて密接な事務であり、こうした事務にこそ、住民は強い関心を持っている。したがって、住民の満足感を向上させるには、これらの事務を住民が直接コントロールできるようにすることが必要である。そして、そのためには、これらの事務を広域行政ではなく、単独の市町村でやっていくことが望ましいということになる。となると、これらの事務を処理するために必要な規模というものも、当然考えられなければならないことになろう。

なお、先に見た「指針」では、市町村が基幹的な

第3章 市町村の"適正"な大きさ

行政サービスを単独で実施するためには最低限1万～2万人の人口が必要とされていたが、同時に、①人口50万人超、②人口30万人・20万人程度、などの類型も示され、これらの人口規模と関連する事項として、政令指定都市、中核市、特例市が挙げられていた。政令指定都市や中核市、特例市になれば、市町村の自主権限が増える。それだけ、住民が市町村行政から享受できるサービスの量が増えるわけであり、市町村行政の側から見れば、独自の裁量で住民の満足感を向上させる余地が大きくなることを意味する。政令指定都市、中核市、特例市へ移行することは、現行の制度の下で、最適な規模に近づくひとつの方策といえるのである。

6 ただ大きくするだけでなく

　1995年の「市町村の合併の特例に関する法律」の大改正や、同年発足した地方分権推進委員会での「地方行政体制の整備」の検討以来、市町村の規模を変更する手法として、市町村合併が大きく着目されている。

　いうまでもなく市町村合併は、いくつかの市町村が一緒になってより大きな市町村になることである。つまり、市町村の規模の拡大を意味している。

　だが、上で見てきたような多様な視点から、市町村の規模について考えるならば、必ずしも、現在の全ての市町村が、規模を大きくすることで、より最適な規模に近づけるとは限らないことが、わかるであろう。

　市町村の規模を、より最適なものに近づけようと考える時、「市町村の廃置分合」という言葉があるように、本来であれば、市町村の合併のみでなく、市町村の分割などの可能性も検討されてしかるべきである。だが、市町村の合併については、合併特例法が制定されていて、その手続き等も明確化されているのに対して、残念ながら分割については、地方自治法のほかにこれについて定めた法はない。基本的に現在の法制度は、市町村の規模を拡大する方向での一方通行であるといえるのである。

　しかしながら、いわゆる政令指定都市制度において、「政令で指定する人口五十万以上の市」では、

市町村の廃置分合

地方自治法の第7条に「関係市町村の申請に基き、都道府県知事が当該都道府県の議会の議決を経てこれを定め」云々とあるのみで、市町村の分立をしようとする場合の手続きは、明示されていない。

市のなかに行政区を設けることとなっているなど、規模が大きな市町村においては、市町村を分割するのではなく、いわゆる都市内分権により対応することも可能であろう。要は、市町村の規模をただ大きくするだけでなく、都市内分権などによりその内実をしっかり固め、住民の満足感が高められるようにしていくことが、肝心なのである。

第4章 市町村経営と組織再編

１ これまでの自治体組織

　自治体には、自由な組織編成権があるように思われがちである。しかし、現実には、自治体は多くの制約の上に成り立っている。とりわけ、2000年４月に地方分権一括法施行前までは、そうであった。自治体が地域にマッチした効率的な組織を編成しようとしても、容易なことではなかった。

　自治体の組織編成には、制度的にも現実的にも制約があった。明治以来の中央と地方の旧体制関係である主従関係が2000年４月の地方分権一括法の施行までずっと引きずられてきた。というよりも、現実的には、戦時中に中央・地方の主従関係が強くなり、それが、高度経済成長期に、ますます強くなったといえるほどである。

　このような制約の形態は大きくいって３つのものがあった。第１は法令等による束縛である。具体的には、法令による組織編成や職の配置を定める必置規制であるが、実際には、法令に基づくとはいいにくい要綱による規制もあった。第２は体制的束縛、具体的には、機関委任事務体制である。また、第３はカネによる束縛である。たとえば、自治体は何か事業をしようとすれば、いわゆる補助金に依存せざるを得ないということが多いが、この補助金をもらうと、中央省庁が細部にわたって干渉してくるため、結果的に、自治体の組織編成を中央省庁の意向に合わせざるを得なくなるということが多かった。補助金は中央省庁が自治体を支配・統制する最も強力な武器として機能してきたわけであり、現在も、こうした体制は続いている。

■必置規制による組織編成とはなにか■

　法令等による中央省庁の束縛について、もう少し詳しく検討してみたい。必置規制とは、中央省庁が自治体に対し、法令（法律またはこれに基づく政令）や法令に基づかない補助要綱等により、特定の資格または職名がある職員、自治体の行政機関又は施設審議会等の附属機関の設置を義務づけている。たとえば、公立図書館の司書資格規制、司書・司書補の配置基準がある。そのなかには住民の生

活や安全を守るという自治体本来の役割をはたすうえで欠くことのできないものももちろんある。しかし、必置規制が自治体の自主性を損なうことには問題があると指摘されてきた。必置規制は、自治体における現場でのフレキシブルな対応を困難にし、地域の実情に即した行政の総合化・効率化を推進していくうえで、障害になることがあったからである。

　それにくわえて、必置規制は、自治体の定員管理にも影響をあたえてきた。たとえば、スリム化された簡素で効率的な行政組織にしなければならないというのが、行政機構の普遍の課題である。とくに、財政が逼迫した自治体においては、何が何でも組織のスリム化を要請される。しかし、自治体がこうした要請に応えようとしても、必置規制があるために、スリム化をはかることができなかった。

　行政組織や職員機構のありかたが、行政サービスの展開の仕方に、さらには、その具体的な内容に大きく影響することはいうまでもない。そのため、自治体は、地域の総合的な行政主体として、それぞれの地域に適合した運営をしていこうとすれば、組織編成に工夫を凝らし、職員の配分や配置に工夫を凝らしていくことが必要である。しかし、必置規制の存在によって、自治体のこの裁量権が大きく損なわれてきた。

　とはいうものの、必置規制があることによって、自治体が恩恵を受けてきたという側面があることも否定できない。必置規制に従って職員を配置していれば、誰からも非難されることがなく、その配置に責任を負う必要がなかったからである。

　このような必置規制は、2000年4月の地方分権一括法の施行等によって、ようやくその廃止もしくは緩和がはかられることとなった。自治体が、この必置規制の緩和を、今後、どれだけ生かすことができるであろうか。この緩和を効果あるものとするには、それぞれの自治体が自分自身の裁量で仕事の量ならびに職員の適正な配分を行うことが必要であるが、自治体はこれまで以上に自分自身で判断しようという気構えが求められるのではなかろうか。

■機関委任事務と組織編成■

　機関委任事務とは、本来は中央省庁の事務ではあるが、住民の利便や行政の効率を考慮して、法令で自治体の長や執行機関に処理を任せている事務をいう。この機関委任事務も自治体の組織編成の一

大制約であった。

組織や職員に関する必置規制は、機関委任事務の処理に関連するものが多かったためである。とくに、職業安定、救貧、衛生などの行政分野では戦前から必置規制がおかれていた。戦後においても、一定の専門的能力が要求される場合、自治体の事務の執行における適切かつ十分な人員配置および組織整備の確保のために、中央省庁による職および配置基準の義務づけがおこなわれていた。仕事の内容も、それが機関委任事務という中央省庁の仕事である以上、つまり、中央政府の機関として処理する事務という性格からいって、中央省庁の指示に従うのが当然とされていた。中央省庁が"上司"であり、自治体はその"部下"として位置づけられていたわけである。自治体の中でも、都道府県が"上司"であり、市町村が"部下"という位置づけであった。

この機関委任事務が非常に多かったために、しかも、中央省庁あるいは都道府県の指示に従って業務を遂行するという実務が長く続いたために、機関委任事務ではない事務(自治事務)についても、いつの間にか、ほとんどの自治体は中央省庁(もしくは都道府県)の指示に従うという行動様式が身についてしまった。どういうように処理してよいかわからない場合には、市町村の場合は都道府県に問い合わせ、都道府県の場合は中央省庁に指示を仰ぐというようになってしまったのである。

中央省庁の指示は、一般には、通達・通牒あるいは通知という名称の文書で、中央省庁から発せられた。機関委任事務の処理の仕方はもちろん、法律をどのように実施するかという法律の解釈も通達・通知で自治体に指示されてきた。いわば、市町村も都道府県も、法律に基づいて業務を遂行するというよりも、通達や通知に従って、仕事をするというのが自治体の実際の姿であった。このため、自治体の行政は「法律による行政」ではなく、「通達による行政」であると批判されてきたが、しかし、このような「通達行政」は、自治体にとって、非常に好都合な業務遂行形態でもあった。

たとえば市町村の場合、仕事をどのように効率的にしていくか、どういう目的のために当該の仕事をしているのか、その目的は達成されているのか、も

通達

地方自治の関連でいえば、通達とは、中央省庁の意図を地方の関連部門に対して知らせる行為やその文書をいう。通常、法令の解釈や運用方針など細かい事項を指示することを内容としている。

っと地元に適合した効果的な方法がないのか等々について考えたり工夫を凝らす必要はなく、都道府県の指示に従って仕事をしていれば、それで責任を果たすことができたからである。議会などで批判があったり、注文があったとしても、「通達できまっている」という説明で切り抜けることができた。

ところが、2000年4月の地方分権一括法の施行で、機関委任事務が廃止され、自治体は通達・通知に従う必要はなくなった。自治体は多くの仕事を自分の仕事として工夫を凝らすことができるようになったわけである。自治体がある業務を遂行しようという場合、それを規定する法律があれば、その法律に従わなければならないのはいうまでもない。しかし、法律というのは北海道の端から沖縄の端まで全国一律的に適用されるものであり、また、時代を超えて、長期間、同じ内容の規定が適用されるものである。毎年内容を変更するということは原則的にはない。このような法律の性質から、一般に、その規定は抽象的である。それを実際に執行・適用するためには、法の解釈が必要となる。実際の業務においては、法律よりも解釈の方が重要であるが、これまで、この解釈は中央省庁に独占されてきた。通達・通知という形で解釈が示されてきたのであるが、それが、今回の改革により、自治体は通達・通知に従う必要はなくなった。言い換えれば、自治体は法律の解釈を自らできるようになった。

これは自治を目指している自治体からすれば歓迎すべき現象であるが、しかし、こうした変革にとまどっている自治体が多いことであろう。ひょっとすると、法律の解釈を自らしなければならなくなったことを意識していない自治体があるかもしれない。

それぞれの自治体がそれぞれの地域にふさわしい形で法律の解釈を行い、それぞれの地域に合致した形で業務の遂行していくためには、職員にそれなりの能力、たとえば法解釈の技術や知識、条例立案の技術等々を身につける必要がある。

■補助金行政と自治体の経営■

国からの補助金も、自治体の自主性を大きく損なってきた。自治体は補助金をもらうことができれば、自主財源が乏しくても、それなりの施設を整備することができる。たとえば、施設建設の経費として1億円の財源を準備することができた自治体が、その財源で補

助金が何もついていない施設をつくる場合には、1億円の施設しかつくることができないけれども、それを10分の9の補助金がついている施設に投入する場合には、10億円の施設をつくることができるというわけである。したがって、自治体は補助率の高い施設に飛びつく傾向が強かったが、これは、自治体にとっては、一面では、"麻薬"のようなものでもあった。補助金を一度もらってしまうと、自分の財源だけで施設をつくるという考えが消えてしまい、補助金を求めて奔走するようになりがちであるからである。

　補助金をもらうと、それを交付した中央省庁が細かなところまで干渉してくるのが常である。この干渉は、自治体の意欲のある職員にとっては、無用な干渉であることは確かであろう。しかし、中央省庁の指示に従っていれば、それで仕事をこなすことができ、責任を免がれることができるという利点もある。仕事に対して創意工夫をしようというような積極的な意欲があまりなく、与えられて仕事を真面目にこなしていくだけというような職員の場合には、中央省庁の干渉にそれほど反発を感じていないのではなかろうか。

　多くの自治体は、この補助金に加えて、地方交付税を中央政府からもらっている。地方交付税の場合は、中央省庁から干渉してくるということはほとんどないが、しかし、これらの中央政府から交付されてくる財源に依存している結果、多くの自治体は甘えの構造にすっぽりとはまってしまっている。財源を自分で捻出するために知恵を振り絞っているという自治体は少なく、また、中央政府からもらったお金をどうすれば効果的に使えるかという工夫を必死にしているという自治体もほとんどない。

　しかし、膨大な財政赤字を抱えている中央政府のいまの財政状況からいえば、中央政府にこうした自治体の"甘え"をいつまで続けさせる余裕があるのか、大いに疑問である。自治体は、その時に備えて、十分な対応策を講じておくことが必要である。

2 自治体の職員の能力アップ

■求められる改革■

　　いままでの自治体の役割は、中央政府の政策を執行すること、いわば中央政府の下請け的な仕事が中心であり、その結果、中央政府の政策を正確に執行されることを期待され、実際にその役割を担っ

てきた。こうした中央・地方関係の大きな根拠になってきたのが機関委任事務であった。

　地方分権推進委員会では、「中央の言いなりでは国民は幸福になれない」というスタンスをとり機関委任事務の廃止にも踏み切った。従来型の中央・地方関係は、政策官庁としての中央政府があり、自治体はその中央政府のもとでの事業官庁として位置づけられていた。それが、地方分権化の流れのなかで、自治体は自ら政策を決定し、それを自ら執行することを求められるようになったのである。

　しかし、現実的には旧システムのなかで培われた能力のなかで、すなわち、中央省庁の意向を汲みとり、法令の域を脱さないことを主とした行動様式を身に付けてきた自治体職員にとって、自主的な活動を展開するのは容易なことではない。制度が整備されても、それを運用する「ヒト」に関する問題は喫緊の課題として残っている。

　今後必要なのは、自主的に物事を判断できる職員である。中央省庁の通達や通知に熟知する必要、あるいは、それに従う必要はない。必要なのは、法律そのものを地域の実情に合うように自分で解釈し、その解釈した内容を自分の責任で実行する能力である。自治体の自前の政策ももちろん立案できなければならない。政策を立案する場合には、住民のニーズを把握し、乏しい財源の中でそのニーズを達成する順位をつけることが必要である。そのためには、住民の意見を聞き、調整することが必要であり、また、効果的な住民参加の仕組みも構築しなければならない。財源についても、地方交付税や国庫支出金に全面的に依存することは、中央政府の危機的な財政赤字の現状からみて、間もなくできなくなることは明らかといえる。自治体は自治体自身で工面できるような体制を整えておくことが必要である。もちろん、乏しい財源を効果的に使う必要がある。財源を使った後は、実際にどれだけ効果をあげたのか等々の評価をしなければならない。

　こうしたことを現在の市町村はできるのであろうか。そうした能力をもつ職員を擁しているのであろうか。あるいは、職員の能力を時代に合わせて高めていく体制が整っているのであろうか。大半の自治体については、問題ありといってよいであろう。

　市町村の職員がこのように能力を高めていくためには、行政組織の抜本的な改正が必要である。いままでの組織とはまったく別の組織にすること、言い換えれば"改革"が必要とすらいえる。こうい

う改革をするのは容易ではない。仕事をするための、政策決定の仕方から、その実施の仕方、さらには評価の仕方まで、すべてを変える必要があり、また、住民との関係も抜本的に変えていく必要があるからである。これは、既存の組織を前提とする場合には、いままでの業務遂行の仕方が染みついているために、また、議会や住民とのこれまでの関係が染みついているために、"改革"は不可能に近いといっても言いすぎではなかろう。

■議会も改革が必要■

　自治体が時代の要請にあった形に変貌していくためには、議会の改革も必須である。現在の議会は、自分の自治体にどういう政策が必要か、それを実現するためには何をしなければならないか、その財源をどうするか等々について、議員の間で議論をし、それを議会としてまとめていくという機能はまったくといってよいほどはたしていない。議会で行われているのは、首長や職員に対して質問をするというだけであった。質問のなかで、個々の議員が反対の意思表示をしたり、詰問したり、要望したりするということはもちろんあるが、議員の間でそれを議論し、まとめていくということはしていない。その結果、中央省庁の指示に従って仕事をしている職員の行動、すなわち中央省庁の下部機関として機能している職員の行動を結果的に認めてしまうというのは常であった。ということからいえば、職員の自治能力を高めていくためには、このような議会の実態を変えていくことも不可欠といわなければなるまい。

■改革のきっかけとしての市町村合併■

　こうした"改革"のきっかけをあたえるものとして、市町村合併は最適といえる。市町村合併をすれば、とくに対等の合併をすれば、当該市町村は、議会も含めて、まったく新しい自治体になり、これまでの慣習やしがらみがなくなってしまうといえるからである。また、小さな市町村の場合は、合併によって規模が大きくなるというメリットもある。

　町村の規模が大きくなれば、職員の能力が自動的に引き上げられるということはもちろんない。しかし、合併によって、規模が大きくなり、職員数が増えれば、職員間の競争意識が高まることは確かである。住民が役所（役場）に行っても、見知らぬ職員が窓口に座

っているということになり、その結果、職員の仕事ぶりをチェックする住民の態度が厳しくなるという可能性も高くなる。議員同士の実質的な上下関係、議員と首長・職員の関係も一新され、議員独自の政策決定もしやすくなる。そのため、議会の自治能力が大きくなり、それに合わせて職員の能力も高まらざるを得なくなるということも予想できる。

　合併によって職員の数が増えれば、職場の融通がある程度は利くようになり、職員に研修を受けさせることが可能となろう。ということからいえば、これからの自治体の運営のためには、少なくとも自治と分権をはかっていくためには、市町村合併の検討が不可欠といわなければならない。

　しかし、他章でも指摘しているように、合併すればそれでよいということでないのはもちろんである。合併後の市町村経営の仕方、この章での関連でいえば、積極的かつ自主的に職員が活動できるような仕組み、あるいは能力アップをはかることができるような仕組みを検討しておかなければならない。以下、この点の参考になりそうな事柄を概観してみることにする。

■どんな職員が求められているか■

　第1に、仕事に対するこれまでの意識を根本的に変えることのできる職員が必要である。機関委任事務体制を脱して旧来の意識構造から新たな意識構造への転換が必要である。言い換えれば、分権の理念を個別具体的に実践に移していく職員の能力が問われることになる。地域の特性を見出し、それを伸ばし、また、地方個別の事情を斟酌して、地域を豊かにするために、仕事をしなければならないというように意識改革をしなければならない。これは、地域や地域住民に対する姿勢を修正することを意味する。中央政府（中央省庁）に対して顔をむけるのではなく、住民に対して顔をむけるということである。機関委任事務体制のもとでは、自治体職員が中央省庁を本省と呼ぶことがあった。それだけ、中央省庁の出先機関ということに甘んじていたわけであるが、こうした意識を抜本的に変える必要があることは論ずるまでもない。

　地方自治の主人公はいうまでもなく住民である。しかし、現実の地方自治において、住民ではなく、中央政府に対して職員は顔を向けてきた。これからは、住民本位で施策を展開していかなければな

らない。そして、主人公である住民に対して、職員が処理している仕事の目的、理由、具体的な内容、実施方法、その効果等々について、住民が納得できるような形で説明できるようにならなければならない。いわゆるアカウンタビリティをはたすことのできる能力を身につけることが必要である。

　第2に、地域社会のニーズを的確に捉え、それを政策を創造していく能力が必要である。地域の中に存在する潜在的な住民ニーズまでをマーケティングし、それを解析し、問題を発見し、それを解決する能力が要求される。一般的にはアンケートやヒアリングを繰り返し地域のニーズを敏感に嗅ぎ取る能力あるいはセンスをもたなければない。これからの自治体職員は、常に地域社会に情報網を張りめぐらせ、その情報を加工し政策をつくりあげることが大切である。

　情報加工には、情報技術能力を持つ必要があろうし、それを用いて、他の職員とも方法の共有をして情報を積み上げていく作業能力も要求されていくことになろう。

　第3に、中長期的な視点をもって広い視野で政策を考えることができる能力が求められる。地域政策は、もはやその地域だけでなく周辺地域の動向や社会情勢をも考慮に入れて作成しなくてはならない。たとえば、現在は、モータリゼーションの時代であるので、地域産業政策を一自治体の地域で考えても、あまり意味をなさないことがある。合併により広くなった地域でどのような政策が可能で、周辺自治体とどのような連携をはかり、あるいは、行政機関以外の組織、企業、NPO、などとどのような役割分担をはたしていくかを判断する能力が必要であろう。地域間競争に勝つには、周辺自治体との競争だけでなく、協力、連合、連携も必要であり、他の社会集団を地域政策のなかでどのように位置づけるかも重要なファクターとなる。

　また、短期的な政策視点では、地域の発展は望めないので、社会情勢を眺めながら、国際的な感覚ももちながら地域政策にかかわっていかなければならない。

　第4に、コスト意識の高い職員でなければならない。日本経済は右肩上がりの成長を終え、低成長時代に入り、どの自治体でも限られた財源のなかで、それをいかに効率的に配分するかが問題である。す

コスト・ベネフィット

施策等の実施に伴って発生する費用や便益を推定、測定し、これを貨幣価値で表示して比較する分析手法。施策等を実施する際にその妥当性を判断するのに用いられる。

なわち、コスト・ベネフィットまでも意識できる職員が求められつつある。

第5に、地域経営の感覚をもつ職員であるべきである。中央省庁や都道府県の示した政策を執行していた時代に求められた職員は必要ない。これからの職員は中央省庁や都道府県が決めた政策を執行するのでなく、地域経営を考えられる職員である。

このように、これからの一般的な市町村職員は、受動的な職員から能動的な職員への転換のためにいままでにない能力が必要となってくる。ここで、注意すべきはかなり複合的な政策能力が問われる点であろう。中央省庁の職員であれば、特定の行政分野ごとに縦割りの役所であり、そこでの専門家であることを期待されるのに対して、自治体は総合官庁として総合行政を担う横割りの役所であり、かなりトータルな政策思考をもつことが期待される。いわば、複合的専門家でなければならない点である。

■多様な職員間の競争の激化■

では、こうした能力が求められている一方で、地域にこれだけの職員がいるのであろうかという素朴な疑問が湧いてこよう。多くの場合、いまだ発展途上であるというのが実情である。しかし、合併をすれば、いままでの慣れ合いの慣習を打ち破ることができる。つまり、地方分権が進み、自治体職員の意識改革が求められても、実はいままでの職員同士の慣れ合いが足かせになることが少なくなかった。合併は複数の自治体職員の複合組織であるので、いままでの慣れ合い文化が破壊され、やる気のある職員を発掘する。合併は、やる気のある職員が地域のために政策を打ち出す機会をあたえることは確かである。

合併すると、職員間の競争が促進されるため、多くの有能な職員の幹部への登用も可能となる。職員のモチベーションは高まることとなろう。さらに、職員数が増えるために、兼務する事務の数が減少し、一定の事務に専念し競争の基準が明確化する。すなわち、より専門的な業務従事へとシフトする。こうした職員のスキルを支えるのが職員研修であり、合併を効果あるものとするには、職員研修を充実させることが必要である。これについてもなにが必要なのかを明確化するため、円滑な実施が可能となり職員の政策形成能力などは高まると予想される。

■合併で充実する専門職員■

　合併が進むと専門職の確保ができる点も指摘しなければならない。

　とくに規模の小さな市町村の場合、専門職の採用はなかなかむずかしいことであるが、合併により、採用が十分でなかった専門職の採用、増強をはかることができる。その結果、専門的かつ高度な行政サービスを提供することが可能となる。1998年3月に総合研究開発機構（NIRA）が行なった市町村アンケートによれば、専門職である社会福祉士、保健婦、あるいは医療技術職、土木技師、建築技師、ホームヘルパー、保母、ケースワーカーなどは、たとえ民間委託したとしても、確保が困難な職種であると認識されている[1]。アンケートを見る限り、規模の大きな自治体ほど人員の確保が可能になる傾向がみられる。規模の小さな自治体においても合併によって、人材確保が可能となるわけである。

　そして、それによって、自治体は住民に対して行政サービスを充実することができ、あるいは新たな行政サービスを供給することができるようになる。また、サービスの拡大により、住民の満足度も高まることとなろう。

■自治体職員の高まる能力■

　今後、市町村職員の能力が向上する可能性は高い。その理由として、3つ考えられる。第1は、地方分権化が進むなかで、国から市町村への権限移譲が進み、市町村職員が政策を形成する機会がますます増加するという点である。第2に、こうした状況を受けて、市町村職員が政策形成について受身的・消極的姿勢から能動的・積極的姿勢へ意識改革がなされるということが考えられる。第3は、先に述べたように、合併により職員競争の激化、なれあいがなくなるなど、組織の改革が進むという理由である。合併することにより、多くの市町村職員が自己研鑽の意識を高めるようになり、また、現実にも政策形成に携わる機会が増えることとなろう。地方分権下の市町村合併は、市町村職員の能力アップに一役買うこととなるわけである。

3 合併後の組織運営のあり方

■ 自治体が自立できる組織が必要 ■

　合併は組織のあり方を考える絶好の機会である。組織が改革の意識をもたなければ、硬直化する。地域間競争が激化するなかで、当然自治体にもそれに対応できる組織編成・運営が必要である。地方分権化の流れの中で、ますます拡大する地方への権限移譲の流れを受け、自立できる組織づくりが必要である。

　第1節でも述べているように、いままで市町村に求められていた役割は、中央省庁や都道府県の指示を受けて「現場処理」をおこなうのみの末端機関として機能することであった。また、市町村自身もその体制を甘受してきた傾向は否めない。中央省庁や都道府県のいうとおりに仕事をするのは非常に楽であり、また、自分で責任をとる必要がなかった。しかしながら、地方分権一括法の施行後、中央政府に集中した権限や財源が地方に移譲されるようになり、地方の自立が促されている。

　こうした状況のもとでは、市町村が従来の先例踏襲的な行政で対応することができなくなるのは必然である。住民の監視が厳しくなり、他の市町村に比べて、行政サービスがまずければ、住民は移動していくということもあり得る。いわゆる住民による「足による投票」がおこる。住民という顧客をがっちりと獲得していこうとすれば、自治体は個性的なまちづくりをし、独自色を構築し、多様な地域課題を適切な形で解決していかなければならない。つまり、自治体は住民という消費者を獲得するために、税金とサービスの質をめぐり自治体間競争を繰り返すことになる。たとえば、自治体による夜間保育サービスや延長サービスによって、共稼ぎの夫婦の居住移動が見られ、また、病院や施設が充実している大都市への移動、住民票を移してしまう高齢者の行動もこのひとつの例である。

　市町村は戦略的な市町村経営をしていくことが必要である。中央政府や都道府県の政策を執行するという単なる「執行型行政」ではなく、自分自身で地域にあった政策を立案し、自前の行政サービスを供給する自治体に、すなわち「創造型行政」の自治体への転換が必要となる。

　戦略的な市町村経営のためには、市町村が有する人的資源、すな

わち職員の有効活用をはかることが喫緊の課題となる。このところ、市町村職員の政策形成能力は、多くの市町村において飛躍的に向上していると思われるが、これが必ずしも有効に作用しているとはいえない状況にある。単に執行を主とする従来の「執行型行政」組織に束縛され、人的資源が有効に機能していないのではなかろうか。自治体の多くは人的資源、財源的資源、などの有効活用のために行政改革をし、とくにその中心は組織再編を行ない、機能的にこれを試行しようとしている。しかし、この改革のほとんどは、組織の老朽化による弊害、硬直性からくる非効率な点についての改革を企てたものであり、「創造型行政」を実現するための改革とはいいにくい。合併をきっかけに、「創造型行政」を目指す抜本的な改革が早急に必要といえる。

■政策形成過程における企画部門の強化■

合併によって、規模が大きくなれば、法制度上の自治権が拡充するということも多い。たとえば、一般都市が合併することによって、特例市になる人口規模を獲得すれば、それだけ権限が大きくなる。ましてや、中核市になれる人口を獲得すれば、さらには、合併によって政令指定都市になる資格を獲得すれば、その権限が飛躍的に大きくなることは説明するまでもあるまい。また、それほど、規模が大きくならなくても、小さな市町村がかなりの人口を擁する市ということになれば、法制度上もそれなりに権限が拡充する。しかも、実質的には、多くの権限が都道府県から任されるということにもなろう。

権限が拡充すれば、自治体はそれだけ自分自身で政策を決定する領域は大きくなる。これは住民のために創意工夫をしなければならない領域が大きくなり、責任が大きくなるということを意味する。このため、それぞれの自治体は政策を立案する部門、すなわち企画部門をいかに強化していくかが重要な課題となる。

1996年度の日本都市センター実施のアンケートによれば[2]、自治体の政策形成に影響をあたえるものとして、第1位に市長、第2位に企画部門、第3位に助役・収入役、第4位に議会・議員、第5位に財政部門、を挙げられている。担当部門は第6位であった。これは、人口5万～10万、10万～20万人未満、20万～30万人未満の人口規模の自治体にほぼ共通してみられる傾向である。

企画機能は一般に企画部門に集中しているが、しかし、企画部門とともに、事業部門にも企画機能を担わせているところがある。前述の都市アンケートでも、事業部門に企画機能を持たせている都市が4割もあった。とくに、人口が30万人以上の都市の場合、企画機能をもつ事業部門が多いという調査結果が出ている。

　このような状況から、企画部門の拡充はもとより、事業部門における企画機能の充実も必要であろう。つまり、事業部門の企画機能のより一層の専門化が望まれることとなる。同時に、各事業部門にまたがる企画については総合行政の確保を考え、企画部門あるいはプロジェクト方式によって担当する組織編成が必要である。

■政策法務体制の整備■

　自治体における政策過程は、一般的にいえば、自治体固有の諸事情を考慮しながら、住民のニーズを吸い上げ、これに応えようとする「政策創出」、それを実効性のあるものとしようとする「政策デザイン」、政策デザインされたものを条例などの様式に適合させる「政策アレンジ」の段階がある。

　「政策創出」は、道路整備や老人福祉など、実際の業務に責任のある担当部局がそれぞれの自治体の諸事情を考慮しながら政策を立案することを意味するが、以前の機関委任事務体制のもとでは、これらの業務の多くが機関委任事務、すなわち中央省庁の指示に従い、中央省庁の下部機関として行動しなければならないという制約があった。その結果、実質的に、政策創出をする余地がほとんどなかった。自治体の事業実施部門は、中央省庁もしくは都道府県という上位機関の言うとおりに、政策を立案すればよかったわけである。

　しかし、分権改革によって、自治体は自分自身で政策を創出しなければならなくなった。しかも、単に政策を自分で立案するだけではなく、それを効果あるものにしなければならなくなった。政策の効果があがらなければ、自治体自身がその責任を負わなければならなくなったのである。また、政策の効果をみるために、自治体独自の行政評価の手法を工夫することが必要となった。合併を推進するひとつの理由、最大ともいえる理由は、こうした体制を整えるためである。したがって、合併を検討する場合には、政策を創出し、それをデザインするシステムの整備を念頭において、合併の準備を進める必要があろう。

第4章 市町村経営と組織再編

> **モデル条例**
>
> 自治体は憲法第94条の定めるところにより条例等を自ら制定することができる自治立法権を有している。しかし、実際には国が示すモデル条例である準則に沿って条例を整備する傾向が多くの自治体でみられた。

　また、今回の分権改革によって、自治体の条例制定権の範囲が拡大した。というよりも、多くの分野で自前の条例を制定しなければならなくなった。政策を創出し、それをデザインすることができたときにも、次には、それをアレンジして条例という形に整備することが必要となった。これまでの条例の制定は、中央省庁がどういう条例を制定するかという見本を示してくれることが多かった。極端に言えば、中央省庁が示してくれた条例案に、自治体の名前を挿入するだけで完成品となるという条例が多かったのである。分権改革によって、中央省庁はこうした「モデル条例」をつくることができなくなった結果、しかも、条例を制定しなければならない領域が多くなった結果、どのように対応してよいのかわからない市町村がかなりあるようである。事実、小規模市町村のなかには、条例の作成を専門業者に丸投げしているところが多いという。

　こうしたことからいえば、自治体は政策アレンジの能力を有する職員の育成が急務となろう。いわゆる法務行政を担当できる職員の育成である。このためにも、市町村の規模の拡大、すなわち市町村合併が必要といえる。今後、自治立法、法令解釈、係争処理の法的処理など自治体としての判断が大いに求められることも確かである。こうした業務を専門的に担う部門、すなわち自治体の法制部局の整備も自治体に緊急の課題といえる。自治体独自の政策を実現していくうえでも、その手段として条例、計画、要綱、その他の行政基準を作っていく必要があり、それを担当できる法務組織体制づくりが必要といわなければならない。市町村合併はこうした整備をはかる好機である。

■職員研修の見直し■

　従来の職員研修は、課題解決の研修はあるものの、全体として法律科目を主とした理論や知識を習得する知識習得型だった。こうした研修で、自治・分権を目指す職員が育つとは考えられない。研修についても、もっと、時代の要請に合うような内容に変更することが必要である。ひとつのパターンとしては、従来の教養型から実務訓練型に転換するという手法が考えられよう。たとえば、法律科目

の研修についても、憲法・行政法・地方自治法・地方公務員法・民法などの法律科目を個々に学ぶのではなく「分権時代の自治体と法」というような科目に統合し、法学的な思考方法、その適用方法など、分権時代を担う職員として必要な法務能力を養うような研修に変えることが必要である。また、法律の解釈論だけでなく、立法論や立法技術を身につけることができるような研修にしなければなるまい。

　政策を立案する能力をアップするための研修も必要である。もちろん、その効果を分析するための研修、いわゆる行政評価をできるようにするための研修もしなくてはならない。財政分析の能力育成も必要である。しかし、もっと重要なのは、世の中を見る目を養うための研修である。所属する市町村がどのような状況にあるのか、都道府県の状況はどうか、国はどうなのか、また、どういう問題が発生しているのか、それに対して、どういう解決策が講じられているのか、そうした問題はなぜ発生したのか、等々を分析できるような能力を育成する研修が必要である。こうした分析力を持たない限り、地域独自の、住民に役立つ政策の創出など、不可能であろう。もちろん、世の中というのは日本のことだけではない。現在は、世界の状況がすぐに日本の自治体に影響を及ぼす時代である。しかも、今後、日本に永住する外国人は急増するのではないかと予測されている。自治体の住民のなかにも、今後は、外国人が増えていくわけであり、そうである以上、自治体の職員はそれらの外国人の住民を含めた地域住民のために、政策を立案し、実施していくことも必要となる。いわば、これからの自治体の職員は、アジアや世界の現状についても適切に理解をしていくことが必要であり、住民である外国人とのコミュニケーションをはかれるようにもなっていかなければならない。そのためには、いくつかの外国語に精通する職員の育成も急ぐことが必要である。

　また、行政ニーズを的確に捉え、施策や事業として立案・展開し、同時に施策や事業の評価を踏まえて、まちづくりを進めていく政策形成機能の充実強化に努めなければならない。政策形成、総合調整機能の充実を目指した職員研修を進めなければならない。

行政評価

政策、施策、事務事業について、事前、事中、事後を問わず、一定の基準、指標をもって、妥当性、達成度や成果を判定するもの。行政の現状を認識し、行政課題を発見するためのツールである。

第4章 市町村経営と組織再編

こうした研修の変革のためにも、市町村合併によって規模を大きくすることが必要といえる。いまの市町村は、これまでの行政改革で人員の削減をはかり、いまのままではこうした本格的な職員研修に職員を派遣するという余裕はほとんどないと考えているからである。市町村合併によって、規模が大きくなれば、少なくとも当座は、職員は研修に回す余裕ができ、その研修で能力アップした職員によって業務が機能的に行われるように機構改革されれば、さらに職員を研修に回す余裕ができ、結果的に、その自治体の自治能力が飛躍的に向上するということも期待できよう。

■住民参加の機構づくり■

合併をすると、議員の数が減るなど住民の意見が反映されにくくなるという批判がある。この問題を解決するには住民が参加しやすい機構づくりが必要である。合併すると、議員の総定数が減少する。そのため、旧地域の住民は自分たちの意見が反映されにくくなると感じ、どうしても合併に消極的になることもある。そこで、合併を契機に、地域全体の意見を吸い上げる住民参加の機構づくりをすべきである。ここで問題となる点を2点ほど挙げておこう。

まず、住民の代表である議会との問題である。議会は、住民意思を代表する機関であるので、これを軽視することはできない。

第2に、コミュニティとの問題である。ここで重要なのは、先進的な町内会・自治会において見られるごとく、まちづくりへの積極的な提言や実践をし、主体的に地域プランを策定するといった自治組織としての側面の強化である。市町村は、地域における町内会・自治会の実態活動に対応して、地域の公共的機能についての機能分担、都市の行政についての協力の依頼・委託について考える必要がある。

以上の2点に注意しながら、住民参加の機構づくりを進めて、合併を契機に、広くなった行政地域においても、住民の声が収集され、中心部ばかりでなく、周辺部の意見も反映される組織づくりが必要である。

その方策として、支所・出張所が市民との協働作業の場としての役割りをになわせることが必要であろう。また、NPOとの連携をはかることもそのひ

地域審議会

合併前に関係市町村間の協議により、合併後も地域住民の声を施策に反映させ、きめ細かな行政サービスを実現させるために、旧市町村の区域を単位として、必要な区域に地域審議会を置くことができる。

とつである。そのほか、合併後に地域審議会等を設置することができる。これにより旧市町村単位のより細やかな意見、要望などを吸い上げ、施策への反映を行うことを検討すべきであろう。町内、小学校区など、新市町村より狭い区域での住民参加を促す制度などを確立する。公民館に役場機能の一部を持たせ、地域に見合った柔軟な対応を実現するなどが考えられる。

4 合併後の組織の課題

以上、合併後の組織編成について眺めてきたが、組織編成について留意しなければならない問題がある。

■人事上の問題■

まず、合併の内部障害として人事と職員配置の問題である。人事問題は職員の士気に強く影響を及ぼすのは周知されているところである。

たとえば、さいたま市は、大宮、浦和、与野が合併してできた新しい市であり、職員数は8747名である。5月1日付で異動が全員に発令されたが、旧3市の人口比率でのポスト配分と交差人事となり幹部職員である市庁部局の12部長のポストは旧大宮4、浦和4、旧与野1、中央政府2、県1と配分された。旧3市の管理職の大多数は降格を含め肩書が変わり新市においてどのような役割をはたすのか明確にされないまま窓際に机を並べるものもいた。

この場合、役割が不明確な職員には心的揺らぎがみられ、彼らの士気の低下は避けられないと推察される。合併にともなう職員の最大関心は自分の処遇措置である人事であるので、公平、バランス、業績、実力、適材適所はトップ・マネジメントの最大の課題となる。対等合併でない場合、被吸収側の市町村の職員について人事的に冷遇するなどは論外である。この課題に対する処理が組織運営上のおおきな信頼であり、その後の運営のカギとなる。このことを市長は十分に認識し、職員への心情に配慮した組織づくりが必要である。このことが組織運営上の効率性を高めることはいうまでもない。

では、人員配置であるが、合併後は自分が所属していた旧市町村に帰属意識を持つものが少なくない。これは、市町村合併に限らず、公私を問わず、旧所属集団に自己のアイデンティティを見出そうとする傾向があるからである。これが、合併後の組織の弊害となりか

ねない。効率的な行政、広い視野にたった行政運営の支障になり兼ねない。そこで、人員配置については、出身地域から切り離した配置が必要となる。むしろ、こうしたほうが、外からの視点で、新鮮な政策思考が働きやすい。

■組織文化の問題■

つぎに、問題となるのは、合併する市町村間の組織文化の問題である。組織文化とは、組織メンバーによって共有された行動パターンや集団規範、支配的な価値を指す。百の組織があれば百通りの組織文化があるわけなので、市町村合併にもその問題がついてまわる。

たとえば、各市町村にはそれぞれの就労慣行がある。いったん市町村で公務員としての職を得ると、外部の組織と人事交流などを通じ他の組織文化に触れる機会は少ない。そして、いわゆる閉鎖的組織のなかで、公務員としての行動様式を修得していくことになる。したがって、一度市町村で公務員の職につくと、その自治体の中で異動はあるものの、外部組織との接触なしに、その独自の文化のなかで、行動様式を身につける。それは、外部から見ると奇異な行動であっても、その組織内では当然の慣習であることもある。

合併により、組織文化の融合を余儀なくされるわけであるが、就労慣行はそれぞれの自治体が独自のものを有している場合が多くある。就労慣行の相違から、組織運営上のトラブルやストレスが生じることも予測できる。そこで、合併後、それぞれの出身自治体職員から構成される委員会を組織し就労慣行を見直し、共有し合うことが必要となろう。もちろん、長年の運用実績のなかで積み重ねられてきたすべての慣行を委員会の会議の場で列挙することは困難であろう。現場で生じた問題を随時委員会にあげ相談していく組織体制を整備するのも一案であろう。こうした組織文化の違いからくる慣習は意思決定の仕方、「合議（アイギ）」のとり方などさまざまなところにおよぶ。

■組織統合を円滑にすすめるには■

とりわけ重要なのは合併後の組織の統合の問題であるが、統合の実施速度の問題、人事管理者の問題、研修にかかわる問題などがある。これらを解決するためには将来のビジョンがないことには合併の存在を疑問視させ、モチベーションを下げるので、確実で明瞭な

共通のビジョンの創造が必要である。さらに、合併関連情報を主要な人材にオープンかつ正確に伝えることが重要である。また、相手側の優れた、特に中間管理職の優秀な人材を識別し適切に処遇することでモチベーションを的確にする事も重要である。なぜなら、合併の際に組織文化の相違という重要問題に日々直面し合併を成功に導く役目を彼らがになっていると考えられるからである。そして、何よりも合併がどういう形で行われたにしろ、組織文化の調和、統合もしくは双方組織文化の尊重が大切である。

■支所・出張所はどうなるか■

合併推進に消極的な住民の意見のひとつとして、合併後の行政サービスの低下を懸念するものがある。合併すると、役所の置かれるところは恩恵を受けるが、周辺部になる地域は過疎化が進み、行政サービスも低下するという意見である。周辺部は満足な予算配分も受けられないというものである。

そこで、合併後も、それまでの市役所や町村役場は、新市町村の支所や出張所として扱われて、住民票の写しや印鑑証明の交付などは今までと同様に窓口で受けられるようにすべきである。もちろん、ここで業務量に対応した人員配置が肝要である。もっとも、かつての市町村合併時には、地元の有力者の力関係から、あるいはその面目を保つために支所や出張所を設けることがあったといわれているが、こうした支所の設置は問題外である。また、支所や出張所の設置場所については、合併前の役所や役場にこだわる必要はない。同じ管轄区域内であれば、もっと利便性が高いところに設置するのもひとつの方法であろう。しかし、役場が極端に不便な場所にあるという場合でも、過去の経緯からそこでの立地が絶対に必要という場合もあるに違いない。また、たとえば山火事が発生しやすい地域には、消防施設を主とする行政機能を残し、温泉街には衛生関係の機能を主とした施設を残す、等々の処置が必要となろう。

その地域に住民が必要としている機能で最低限どれだけの人数を設置すれば、その地域の生活の再生産およびその向上が可能なのかなどの配慮が必要である。その意味で、旧市町村単位に一旦予算枠および執行権限を残し、その額についても他の支所より優遇することが必要なこともありうる。ただし、それを維持する正当な理由がなくなった場合は合理的な整理統合が必要である。たとえば、篠山

市では、地域の保安面からかなりの人数を支所に配置したものの、住民から職員の人数が多すぎるとの批判がでて1年後に統合が行なわれた。この支所は窓口業務を限定して現在も機能しているが。

また、第3節でも述べたように、支所・出張所の活用方法として、市民との協働作業の場として新しい役割を担わせることも必要であろう。この点については、次章で詳細に触れることとする。

■合併後のコミュニケーションの問題とITの活用■

合併後、組織のコミュニケーション上の問題が市町村の組織内外で生じるに違いない。対内的には、合併による職員数の増加によるコミュニケーション不足による問題がある。合併直後は、単純に考えれば、合併した市町村の職員を合計した数が総職員数となる。職員数の増加とともに、先に眺めたように異なる組織文化、すなわちそれぞれの行政慣行を持つ職員が机を並べることになり、そこにはストレスやさまざまな場面での行き違いが推測される。そのために、合併前に比して、職員の合意形成、意識統一に多大な時間を要し、余分な手続きが必要になることがある。これらのことが問題として露呈するのは、数の増加と組織文化の相違により生じる問題であるが、その根底には情報の共有化が不十分であることに原因がある。

また、対外的には、合併により規模の拡大によって住民とのコミュニケーションが不足することが予想される。そのため、以前に比べ、住民からは、行政活動が不透明となるという問題が起こり得る。なぜなら、規模の小さい市町村ほど行政と住民との距離が心理的にも現実的にも近く、お互いに顔が見えるので、相互にコミュニケーションがとりやすい。それが、合併により、市町村と住民との間でのコミュニケーションが以前に比して不十分になることも考えられる。住民に対してアカウンタビリティが十分にはたせなくなるとの批判となってあらわれるだろう。

これを補完するものとして、1つには、次章で詳細に述べるように、支所・出張所の活用があるが、ここでは別の方策を探ってみたい。これらの情報問題の解はどこに存在するのであろうか。

これらの問題を対処するためには、ITの活用が望まれよう。ITの進展は職員の負担を減少させる。事務の効率化が計られると同時に、情報の共有化が容易になる。情報の集中管理ができ、合併以前、その直後の情報へのアクセスや合併後の情報についてすべての職員

が情報を共有することによって円滑なコミュニケーションがおこなわれ、意思決定をする際にも、その形成プロセスを効率的にすることができよう。

また、ITによって、応答性のある組織づくりも可能であるという点も指摘できる。情報公開、行政PRの手法としても有用なツールとなりうる。たとえば、インターネットを利用した行政情報の開示は住民との距離を縮めることに貢献するに違いない。情報への心理的および時間的、労力的アクセスコストを下げることができる。

このように、ITの積極的活用により、自治体全体としての情報を職員が共有でき、一体感が持てるようになり、組織的な融合も円滑に進むこととなろう。

〔注〕
1） 総合研究開発機構『地方政府のガバメントの変容』（1999年3月）参照
2） ㈶日本都市センター『都市における新しい行政のあり方等に関する調査－平成8年度市役所事務機構研究会報告』（1998年3月）

第5章 住民自治と市町村合併

1 市町村の区域・規模と住民自治

■市町村合併は住民自治の後退につながるのか■

　市町村合併に対しては、住民自治の後退につながるとの批判がある。住民自治の後退要因としてしばしば挙げられるのは、首長や議会議員の数が減り、役所・役場の数が統合されるため、民意が反映されにくくなったり住民と行政の距離が遠くなったりするというものである。筆者が携わった市町村合併に対するアンケート調査（市町村のあり方に関する研究会『市町村のあり方に関する意識調査報告書』2000年）では、三重県内の市町村行政職員（一般行政職の約10％、1,392人）と市町村議会議員（全員、1,179人）を対象に、市町村合併のデメリット（負の影響）を尋ねた設問があるが、いずれの場合も最も多かった回答は「住民と行政の距離の増大（民意が反映されにくくなる）」であった。有効回答の3分の2にのぼっているほどである。

　しかし、議員数の減少や、住民との距離という点だけを捉えて、市町村合併は住民自治の後退につながるといい切れるものだろうか。そうであるならば、規模の小さな、区域の小さな市町村ほど、住民自治が充実していることになってしまう。

　結論からいえば、住民自治が拡充されるかどうかは、住民の自治体運営への主体的な参加の程度によって、ひいてはそうした参加を可能とする仕組みができているかによって決まるといえよう。規模の大小によって、あるいは、区域が広いか狭いかによって決まるものではない。市町村合併に伴い、それまでの各市町村の組織が抜本的に変革されることは必然である。したがって、市町村合併に伴う組織変革によって住民参加の仕組みを確立するならば、市町村合併を住民自治拡充のきっかけになるものとして評価できることにもなろう。

　以下、市町村合併が本当に住民自治の後退につながるものかどうか、もう少し詳しく検討してみることにする。

■小規模町村ほど自治は充実しているのか■

　市町村の規模が小さいほど、住民当たりの代表者数や行政職員数は多くなる。この点を捉えて、市町村の規模と民意の反映度合いは反比例の関係にあるとする見方ができる。しかしながら、実態をみる限り、市町村の規模が小さいことによるメリットを多くの町村では活かし切れていない。それは、小規模町村の多くに共通する地域事情とそれを支える政治構造による。

　小規模町村の多くは農村部に位置していることもあり、一般に財政力は脆弱である。主力産業は農林業と土建業であり、歳入の大半の部分を地方交付税と国庫支出金に依存している。地域の雇用は農水・建設系の公共事業によって支えられていることが多い。こうした状況では、地域の自立や個性よりは、国や都道府県からどれだけ補助金をとってくるか、国・都道府県のプロジェクトを誘致するかということが重視されがちである。

　現状の首長選挙や市町村議会選挙は、無投票当選によって決まることが少なくない。1999年1月1日現在、全国の首長のうち4割を超す1,344人が無投票で当選しており、1999年の統一地方選では4割弱にあたる232市町村の議会議員が無投票当選で決まっている。首長・議員の多選も各地でみられる。そして、その割合は小規模な町村ほど大きいのである。

　執行機関と議会との関係が固定化されている状況において、しかも多くは社会移動が活発ではない状況において、結果として利益誘導型の政治手法が強固になったというのは言いすぎだろうか。もちろん、小規模町村のすべてがそうだということではない。しかしながら、住民当たり代表者数や行政職員数が多いことは、民意を反映しやすくするための有力な手法とはなり得ても、だからといって、それだけで民意が反映されやすくなるわけではない。

　実際、昭和の大合併の際には、町村合併が「村のボス支配」をうち破る推進力として機能したという指摘もあるほどである[1]。

> **多選**
> 都道府県知事や市区町村長の選挙などで、同じ人物が何度も当選すること。政府・与党は多選禁止について検討を行うとしているが、被選挙権を規制する立法は、職業選択の自由や法の下の平等という点で憲法上の問題が指摘されている。

第5章 住民自治と市町村合併

■住民自治の拡充に必要な取り組み■

　住民自治の拡充とは、地方分権推進委員会が分権改革の理念とした「地域住民の自己決定権の拡充」をはかるものとして捉える必要がある。それは、行政の応答性を高めることであり、究極には行政の仕事が住民のニーズに基づいて決まる仕組みを確立することである。そのためには、自治体が上（国）をみて仕事をする姿勢を地域の課題や住民のニーズをみて仕事をする姿勢に転換するというように、行政の仕事のスタイルを根底から見直すことが、市町村の規模の問題以上に重要である。

　近年、先進的な自治体のなかには、情報公開や政策評価などの手法を活用して、予算の使い方、施策の優先順位、政策の結果などを住民にわかりやすく説明する取り組み（アカウンタビリティ）や、政策の企画から実施にいたるまでの過程に住民参加の手法を取り入れる動きも広がりつつある。また、従来本庁で行ってきた仕事のうち地域に密着したものを地域単位の支所や出張所にまとめておろし、職員が地域に密接に関わったり、地域の実情に応じた対応をはかったりする都市内分権の取り組みもみられるようになっている。

　これらの取り組みは、ある程度の規模がないと実施が困難である。わが国の市町村は、総合行政主体とされており、規模・能力に関わりなく一定のサービスをフルセットで提供している。そのため、小規模な市町村ほど職員が一人でいくつもの部門にわたる職を兼務することとなり、職員が専門的な能力を身につけることも、時代のニーズに対応した専門組織・職を設置することも難しいのが現状である。

　市町村合併は、従来の行政の仕事のスタイルを見直し、行政の応答性を高める契機になり得るという点では、住民自治の拡充に向かうという評価もできる。

■行政任せにしておいて行政の応答性は確保されるのか■

　もっとも、市町村の仕事が住民のニーズに基づいて決まる仕組みを確立するには、行政のみの取り組みでは限界がある。

　市町村が住民の満足度を最適化しようと努めれば、地域の限られた資源（地域の自然、社会資本、税金、行政職員など）を効率的に配分するマネジメント能力とそれに見合う区域・規模が求められ

る。しかしながら、住民が行政サービスの受け手としての地位に甘んじている限り、行政の応答性を確保する取り組みは、「地域住民の自己決定権の拡充」という趣旨に沿うものではなくなってしまう。

住民がもっぱら行政サービスの受け手として不満や要望を表出する存在でしかない場合には、行政の応答性を高める取り組みは歳出拡大要因に陥りがちとなる。それは、もはや財政面から許されないばかりか、行政がその守備範囲を超えるものまでを抱え込むことにつながりかねない。住民にとって「受益と負担」の関係が限りなくみえにくくなってしまうのである。

また、そこからは地域の個性や特性を活かそうとする発想は生まれにくい。多様な住民ニーズを行政がきめ細かく対応するということは、望ましい方向ではあるものの、行き過ぎると行政の肥大化を招く。それは、自治体職員の裁量の余地が拡大することであり、官僚主義の増長につながってしまうとの懸念もある[2]。

■ **行政の応答性を確保するための住民の役割** ■

住民が集まり、地域活動の拠点となる集会所の管理、子供を地域で見守る取り組み、地域のまつりやイベントなど、地域に密着した「公的なサービス」をすべて行政任せにしておいてはたして魅力ある地域ができるであろうか。

地域活性化の取り組みに成功したといわれる地域をみると、行政主導ではなく住民やNPOなどの団体による自発的な運動が契機になった例が多い。NPOなどの市民活動団体は、ある分野の活動を志向する者同士が自発的に集まり活動することにより、自らの自己実現をはかるとともにそれを通じて社会貢献することを目的とする。こうした動きの根底には、公的なサービスを行政が独占することは行政の肥大化につながるのみならず、住民の自己実現や自己決定権を尊重する観点からも好ましくないという考え方がある。市民活動団体の活発化は、住民が公的なサービスの受け手にもなれば担い手にもなる社会の到来を予感させるものである。

行政の応答性を確保する取り組みを「地域住民の自己決定権の拡充」につなげるには、行政が仕事のスタイルを見直すだけでなく、住民もまた地域の課

NPO

Non-Profit Organizationの略。営利を直接の目的としないで活動する民間団体。狭い意味では「特定非営利活動促進法（NPO法）」の法人をさすが、一般にはボランティア団体や公益法人など市民団体や非営利団体の総称。

題に対して主体的に関わる姿勢が不可欠である。したがって、これら2つの点に対してどのような対応をとるかが、市町村合併を住民自治の拡充に向かわせるポイントになるといえる。

このうち、前者の行政の仕事のスタイルを見直すための体制づくりや手法については、4章で触れているのでそちらに委ねるとして、以下では、後者の住民が地域の課題に対して主体的に関わるための仕組みづくりについて考えてみることとする。

2 住民自治組織のイメージ

■住民自治組織の必要性■

住民が地域の課題に対して主体的に関わるということは、地域のさまざまな課題について住民一人一人が考え、その解決に向けて共同で取り組む内容を決め、実施していくことである。この場合、さまざまな意見を持つ住民一人一人の意思を尊重しながら、住民自身が地域で取り組む課題やその解決に必要な役割分担などについて合意を形成し、協働して問題解決にあたらなければならない。また、これを継続的に実践しようとすると、合意形成の仕方や役割分担などについて、住民の総意に基づいてルールを決めておくことが必要となる。住民が地域の課題に対して主体的に関わる仕組みとは、住民自身の手による自治組織をつくることにほかならない。

住民の自治組織は、住民自らが合意を形成し、地域に身近な仕事を処理するものである以上、コミュニティのようにある程度の地域的な連帯があり、かつ一定の大きさにとどまるものとなろう。一般的には、現在の市町村の区域よりも狭域の単位になる。

現在の市町村の区域は、その多くが昭和の大合併によって確立したものである。市区町村の平均人口は38,827人、平均面積は114.5km²にのぼる（市町村自治研究会編『全国市町村要覧』平成12年度版）。住民が主体的に関わる受け皿としては、すでに大きくなりすぎているといってよい。市町村がこのように大きくなったのは、市町村が自治の基本単位であること以上に、行政サービスを総合的に提供する主体として機能することが重視されたからである。

> **協働**
> 住民やNPOなどの各種団体と行政が、地域課題の解決や行政施策の企画・実施といった共通の目的を実現するために、それぞれの立場から対等の関係で協力して活動すること。コラボレーション（collaboration）の訳語。

市町村が総合行政の主体としての役割を積極的にはたしつつ、住民が地域の課題に対して主体的に関わる仕組みを取り入れるには、自治の基本単位を住民の自治組織に求めるような対応が必要といえる。市町村の区域・規模は、広域的な対応と狭域単位での自治を両立させる観点からそのあり方が検討されなければならない。

では、住民の自治組織として、どのようなものが想定されるだろうか。日本の現状では、町内会・自治会組織がその最大の候補となるであろうが、近年では、国のコミュニティ施策の流れを受け、コミュニティ組織を立ち上げる動きもみられる。この場合、多くは町内会・自治会など既存の組織をベースにしているため、既存組織の活用形あるいは発展形と位置づけるべきものもあるが、一部では自治の基盤として新たに組織化をはかろうとする動きもみられる。以下ではこうした組織の現状をみてみることにする。

> **コミュニティ**
>
> 地域共同体、地域共同社会の訳語。本来は自然発生的な集落・部落を意味するが、近年では新しい形の地域社会の形成を目指す趣旨で用いられるようになっている。また、単に地域社会の意味として用いられることもある。

■町内会・自治会組織の現状■

町内会・自治会は、日常生活において住民相互の連絡や地域的な共同活動をおこなう地縁組織であり、地方自治法では地縁組織のことを「町又は字の区域その他市町村内の一定の区域に住所を有する者の地縁に基づいて形成された団体」（第260条の2）としている。なお、地縁団体としては、自治会、町内会のほかに町会、部落会、区会、区などの名称があるが、ここではそれらを含めて町内会・自治会としている。

町内会・自治会は、自治省（現総務省）の調べ（『地縁による団体の認可事務の状況等に関する調査結果』平成8年度）によれば、1996年8月1日現在、全国に29万3千余あるという（図表5-1参照）。通常は大字・字・町丁目など市町村の区域よりも狭域の単位であり、地域に密着したさまざまな仕事を行う団体としては最も普及している。法的には任意団体（権利能力なき社団）とされていたが、1991年の地方自治法改正により、市町村長の認可を受けることで法人格を取得し、不動産等の登記上の権利を取得することなどが可能となった。これを認可地縁団体という。

第5章 住民自治と市町村合併

図表5-1　町内会・自治会等の設立数

名称	自治会	町内会	町　会	部落会	区　会	区	その他	合　計
数	99,998	69,406	15,206	22,714	5,813	43,268	36,822	293,227
構成比	34.1%	23.7%	5.2%	7.7%	2.0%	14.8%	12.6%	100.0%

注）調査基準日は1996年8月1日
出所）自治省『地縁による団体の認可事務の状況等に関する調査結果』（平成8年度）

　　町内会・自治会は世帯加入が原則である。町内会・自治会の実態をアンケート調査した結果（㈶あしたの日本を創る協会『自治会・町内会の高齢者支援に関する報告書』2000年）によると、町内会・自治会の世帯数には大きな開きがあるが、平均的な数としては数百世帯であり、加入率は「80％以上」が回答数の7割以上を占めている（図表5-2参照）。また、認可地縁団体についてその活動状況をみると、「住民相互の連絡（回覧板、会報の回付等）」、「集会施設の維持管理」、「区域の環境美化、清掃活動」などが中心となっている（図表5-3参照）。

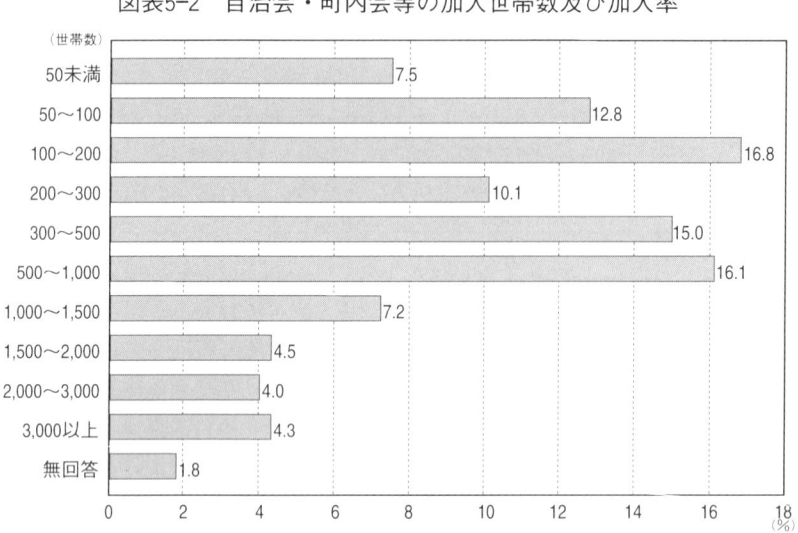

第2部 市町村合併を考える4つの手がかり

図表5-2 自治会・町内会等の加入世帯数及び加入率

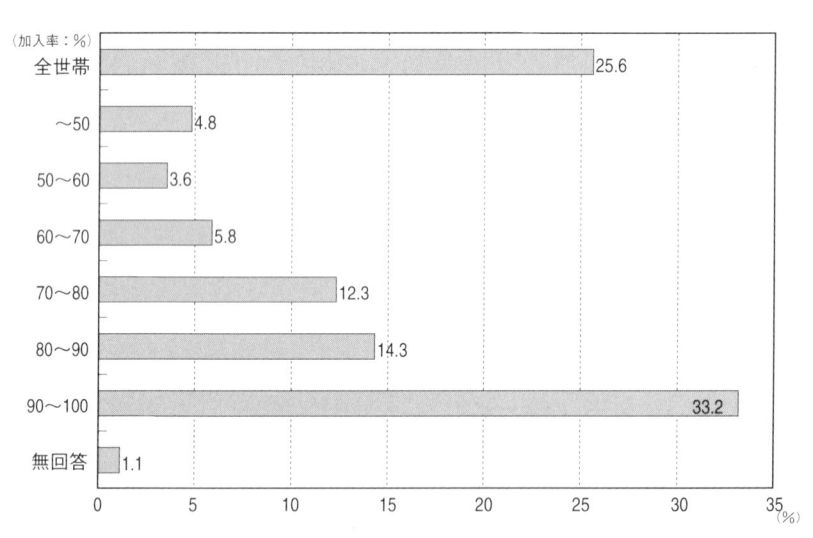

(世帯数)
区分	%
50未満	7.5
50〜100	12.8
100〜200	16.8
200〜300	10.1
300〜500	15.0
500〜1,000	16.1
1,000〜1,500	7.2
1,500〜2,000	4.5
2,000〜3,000	4.0
3,000以上	4.3
無回答	1.8

(加入率：％)
区分	%
全世帯	25.6
〜50	4.8
50〜60	3.6
60〜70	5.8
70〜80	12.3
80〜90	14.3
90〜100	33.2
無回答	1.1

出所）㈶あしたの日本を創る協会『自治会・町内会の高齢者支援に関する報告書』（2000年）pp. 7〜8

図表5-3　認可地縁団体の活動内容

区　　　　分	団体数（割合）
住民相互の連絡（回覧板、会報の回付等）	7,740　(89.1%)
集会施設の維持管理	7,111　(81.8%)
区域の環境美化、清掃活動	7,564　(87.0%)
道路、街路灯等の整備・修繕等	1,962　(22.6%)
防災、防火	2,862　(32.9%)
交通安全、防犯	2,413　(27.8%)
盆踊り、お祭り、敬老会。成人式等の行事開催	2,537　(29.2%)
スポーツ・レクリエーション活動	3,119　(35.9%)
文化レクリエーション活動	3,135　(36.1%)
慶弔	1,270　(14.6%)
独居老人訪問等社会福祉活動	1,488　(17.1%)
行政機関に対する要望、陳情等	1,465　(16.9%)
その他	2,892　(33.3%)

注）「割合（%）」は、全認可地縁団体総数に対する割合である。
出所）自治省『地縁による団体の認可事務の状況等に関する調査結果』（平成8年度版）

■町内会・自治会組織の問題点と可能性■

　町内会・自治会組織は、明治の大合併以前の自然村であったものもあり、その意味では住民の自治組織の原型であるとの見方ができる。しかしながら、その後、町内会、部落会という名称で国による組織化が進められ、1940年には「部落会町内会等整備ニ関スル訓令」により国民を統制し統合する機関と位置づけられ、大政翼賛に組み込まれたという暗い過去がある。

　現在においても町内会・自治会組織を住民の自治組織として機能させるには課題が残されている。それは、町内会・自治会の役員が固定化し、高齢化が進んでいることである。会長の選出や会の運営などは一部の関係者だけの手によって行われる場合が少なからずみられ、地域住民が気軽に参加しにくい状況を生みだしている。いわゆる新住民ほど加入率は低く、都市化の進行に伴い町内会・自治会を敬遠する層が増加している。

　また、町内会・自治会は世帯加入が原則のため、活動の主体はど

うしても世帯主とその配偶者が中心となってしまい、「活動に参加することが当たり前」という雰囲気や、世帯主の子どもなど若年層の主体的な参加の受け皿になりにくい面がある。町内会・自治会は、ごみステーションの設置管理、防犯活動、募金活動、広報誌の配布など、行政のさまざまな仕事を行っているが、そうした活動は住民にとって半ば強制的に写る。

その一方で、町内会・自治会を地域におけるまちづくりの主体として位置づけているところもある。たとえば、神戸市長田区真野地区では、阪神・淡路大震災の際、自治会が主体となって消防活動にあたり、被害の拡大をくい止めるとともに、震災後の炊き出し、被害者リストの作成、救援物資の配給などを行政に頼らず地域の手で独自に行うことができた。また、静岡県掛川市では、市内の自治区（町内会に相当する組織）の役員が「市民総代」となり、小学校区ごとに開催される「地区集会」で市長や市幹部と地域の問題や市政について意見交換したり、全自治区を対象とする「中央集会」において市側が年度の事業計画を説明する場が用意されている。市が町内会組織を通じて直接意見をくみ取ったり、市政の方針を直接住民に伝えることで、地域住民にとって地域の問題を考えるきっかけになっているという。

町内会・自治会を活性化するには、住民が地域の課題に主体的に取り組む姿勢を組織がいかに尊重できるか、また、行政といかに協働の関係を構築できるかにかかっているといえる。

市町村合併との関係で捉えれば、合併を契機として町内会・自治会組織のこうした課題を克服する視点が求められる。

■コミュニティ施策■

コミュニティ施策とは、コミュニティを単位として、さまざまな住民の地域活動を展開し、住民相互の連帯を高めることを目的として国が始めた施策であり、1969年9月の国民生活審議会調査部会コミュニティ問題小委員会中間報告がその嚆矢とされる。その背景には、1960年代に急速に進んだ都市化・工業化に伴い、地域の連帯感の喪失や住民の孤立化が進んだことへの危機感があった。その後、コミュニティ施策は自治省（現総務省）の「モデル・コミュニティ地区施策」などを中心に展開し、現在では全国の都道府県や市町村の行政計画にも位置づけられるようになっている。コミュニティ施

策の多くはコミュニティ活動の拠点となる施設の建設やイベント活動への助成が中心である。

コミュニティ施策におけるコミュニティの単位は、小中学校区や町内会・自治会の区域に相当するものが中心で、その組織も町内会・自治会、民生委員協議会、PTAなどの既存団体であることが多い[3]。また、コミュニティ施策における活動は、レクリエーションや趣味的な交流にとどまるものが多く、地域の課題に対して主体的に取り組んでいる例は少ない。

■コミュニティ施策の先進事例■

コミュニティ施策では、住民が地域の課題に対して主体的に取り組むための受け皿となる組織をどのように立ち上げるかが鍵になる。この事例を2つみてみよう。

1つは、千葉県習志野市の「まちづくり会議」の取り組みである。習志野市では、小学校区を単位としてコミュニティを設定し、各コミュニティに「まちづくり会議」を設置している。この会議は、地元自治会、老人クラブ、女性団体などの各種団体代表者と市の「地域担当職員」などで構成される。市民が地域の問題を考え、そこでの意見を行政に反映させることが主な目的である。そのために図表5-4のような要望ルートを制度化するとともに、「まちづくり会議」のメンバーを中心とする「まちづくり予算会議」において地域の要望に優先順位をつけ、「地区予算要望」として市に要望する仕組みも設けられている。

この会議はコミュニティによって実績に差があり、1地区当たり3〜15回程度開催され、その経費には市からの助成がある。会議において市側の窓口になるのが「地域担当職員」である。これは、市の一般行政職員全員が各コミュニティの担当職員となり、担当コミュニティの問題解決にはどうしたらよいかを市民とともに考える制度であり、「まちづくり会議」が最初に要望を出すのは「地域担当」の職員である。

もう1つは、東京都三鷹市の取り組みである。三鷹市は、全国に先駆け、1971年にコミュニティ施策を展開し、コミュニティセンターを建設するとともに、その管理を同時に発足させた「住民協議会」（図表5-5参照）に委ねている。市内は7つのコミュニティ住区にわけられ、各住区ごとに「住民協議会」とコミュニティセンターが

おかれる。「住民協議会」はコミュニティセンターの管理運営を行う事務局組織を持ち、事務局長以下7名の専任職員が就いている。予算のほとんどは市からの補助金で、平均8千万円ほどが交付される。

　「住民協議会」は自治会、PTA、老人会、ボランティア団体などの団体選出委員と公募推薦委員により構成され、委員全員で協議会の基本方針などを決める総会のもとに各種部会が設けられ、委員はいずれかの部会に属することとされる。

図表5-4　習志野市まちづくり会議の要望処理の仕組み

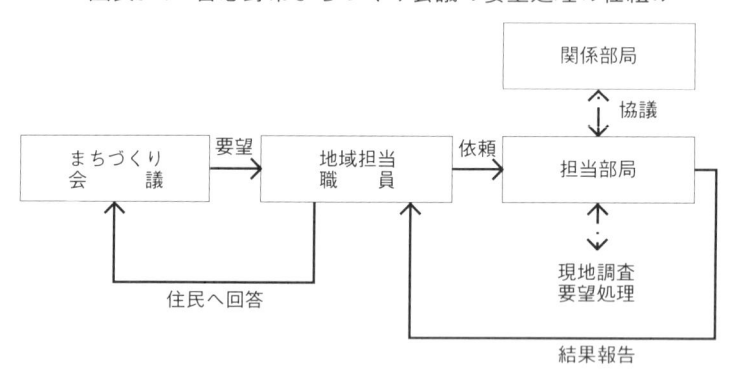

まちづくり会議 →要望→ 地域担当職員 →依頼→ 担当部局 ⇔協議⇔ 関係部局
担当部局 ⇔ 現地調査・要望処理
現地調査・要望処理 →結果報告→ 担当部局
地域担当職員 →住民へ回答→ まちづくり会議

出所）習志野市配布パンフレットをもとに作成

図表5-5　三鷹市住民協議会の仕組み

―― 三鷹駅周辺住民協議会組織図 ――

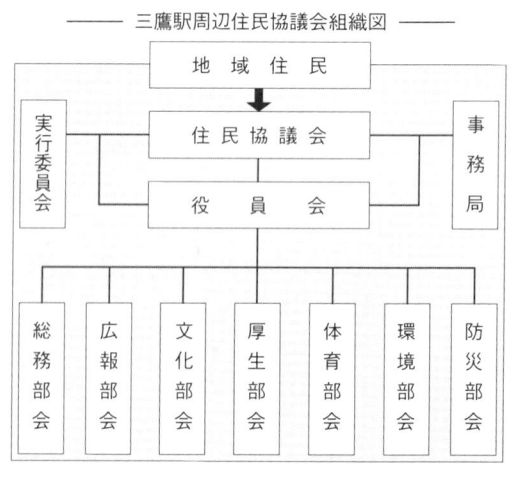

地域住民 → 住民協議会 — 役員会
実行委員会 ／ 事務局
役員会の下に：総務部会、広報部会、文化部会、厚生部会、体育部会、環境部会、防災部会

出所）三鷹市ホームページ
（http://www.parkcity.ne.jp/~ekimaecc/jukyo.html）

コミュニティセンターと公民館

地域のレクリエーションや生涯学習、集会などに利用される施設。コミュニティセンターは市町村長・知事部局が所管する施設であるのに対し、公民館は社会教育法に基づく社会教育施設であり、教育委員会が所管する。

第5章 住民自治と市町村合併

3 新しい住民自治組織の可能性

■ 事例からみた既存組織の課題 ■

　これまでみてきた事例をもとに住民の自治組織の可能性を考えた場合、地域の自治組織としての正当性をどのように確保するかということが最大の問題となる。

　町内会・自治会のような地縁組織は、地域住民に対する認知度が極めて高く、加入率も高い。しかし、会の民主性や住民の会への自発的な参加の度合いといった点で問題を残している。町内会・自治会組織を住民の自治組織として活用するなら、会の意思決定や運営方法について住民が自由に参加でき、意見を出せる組織改革が急務である。また、行政の業務の一部を担う場合、行政の下請け機関と化さないよう、役割分担を明確化し、会の自主的・弾力的な対応が可能となるようにしておくことが求められる。

　他方、コミュニティ組織については、住民の認知度は必ずしも高くはなく、地域住民にこうした組織の取り組みが伝わっていないという問題を抱えている。コミュニティ組織が住民の総意に基づく自治組織とみなされるには、この点がネックとなる。

　また、近年では、ボランティア活動やNPO活動など、特定分野の活動を展開する団体の活動が活発になりつつある。こうした団体は、特定分野を対象とし、活動の範囲も地域単位とはなりにくいため、地域住民の総意に基づいた活動が求められる自治組織の受け皿とはなりにくい。しかし、個人の主体的な参加と活動を基本においている点では自治組織の趣旨に沿うものである。これらの活動が活発化しつつある現状は、ある意味で町内会・自治会活動や既存のコミュニティ組織に住民を惹きつける力が失われていることを示すものと受け止めるべきであろう。

　したがって、住民の自治組織のあり方を考えるうえでは、町内会・自治会組織の基盤を活用しながらも、ボランティア団体やNPOとの連携をはかり、住民の多様な活動ニーズを満たしたり、住民の意見を集約できるような新たな仕組みを構築していくことが求められるといえる。その際、次の2つの点を踏まえた対応が求められる。

　1つは、地域住民の総意に基づく活動が保障される組織内の体制のあり方についてであり、もう1つは行政活動の一部を下請けでは

なく自立して担うことのできる公共的な役割のあり方についてである。

■住民自治組織の体制■

　住民組織が地域住民から正当性を付与され、住民の自治組織として機能するためには、地域のすべての住民が自由に参加できるようにしておくとともに、住民間の合意をはかり、合意がはかられたものをさまざまな団体・グループの活動と連携しながら実行するマネジメント能力が求められる。

　このような組織のあり方を考えるうえで参考になるのが、群馬県職員による「小さな自治のシステムの研究政策研究会」(以下「研究会」という。)の提言である。研究会は、住民自治組織を確立する観点からさまざまなケーススタディを行い、「自治協議会システム」を提唱している。

　このシステムの発想の原点は、①親睦・交流活動よりも地域に身近な仕事を行うことを目的とする、②住民が地域の問題を自分の問題として受け止め、一人でも多くの人の思いと力が結集できる、③地域に暮らす住民が「できるときに、できることを、できる範囲で」行えるよう参加しやすいシステムとする、ということに求められている。その組織は図表5-6に掲げるとおりである。

　この図によれば、「自治協議会」の最高意思決定機関は「住民総会」であり、全住民が参加できる。ただし、全員参加を日常的に継続することは困難であるため、年に一度、事業の選択・順位づけを行う住民投票の場として位置づけ、住民投票にかける事業メニューやその実施計画などについては「代表者会議」で決定する。「代表者会議」は地域内の地縁的団体、NPO等の団体、学校教育機関や民営委員等の関係者などにより構成される。

　「自治協議会」の執行機関は「代表者会議」のもとにおかれる「運営委員会」が担当し、住民投票にかける事業メニュー案の作成、住民投票で採択された事業の実施計画案・予算案の作成、代表者会議で決定された事業計画・予算の執行などを行う。その業務の遂行に当たっては、「運営委員会」のなかにおかれる部会が担当する。住民はこれらの活動に自由に参加することができる。また、申請があれば、自治会、NPO、ボランティア団体、地域活動グループなどを「自治協議会」の構成団体として認定する。

「自治協議会」の財源は市町村の交付金とし、組織の運営費や「自治協議会」が実施する事業に対して交付されるほか、市町村は事業の種類に応じて「自治協議会」の決定に基づき、直接事業を実施する。組織の形態は、公共団体ではなく任意の組織とし、活動の実績を積んだ段階で「認可地縁団体」に移行することを想定している。

以上が「自治協議会」システムの概要である。地縁組織などとの連携をはかり、住民の総意に基づいた活動を目指しつつ、組織の活動が実効性を持つように配慮している点で、また、法制度の改正を待たなくとも実行に移すことができる点で、大いに参考になる考え方といえよう。

ただし、こうした組織が立ち上がったからといって、直ちに自治の基盤が確立されるわけではない。組織が機能するには、組織をマネジメントし、リーダーシップを発揮する人材の確保が不可欠である。また、住民の総意をどのように導き出すかということは、組織を実際に運営していくなかで大きな課題になろう。前者については、「地域リーダー育成講座」といった人材育成プログラムを用意している自治体もあるが、後者については地域の実情や組織の形態、住民の参加の程度などによって異なったものにならざるを得ず、合意形成の仕組みを制度化することは容易なことではない。

したがって、住民の自治組織は、制度設計の枠組みについてはある程度の共通性を有するとしても、その具体的な内容や手続きについては、地域の実情や住民の参加の程度などに応じて弾力的なものにしておく必要があろう。

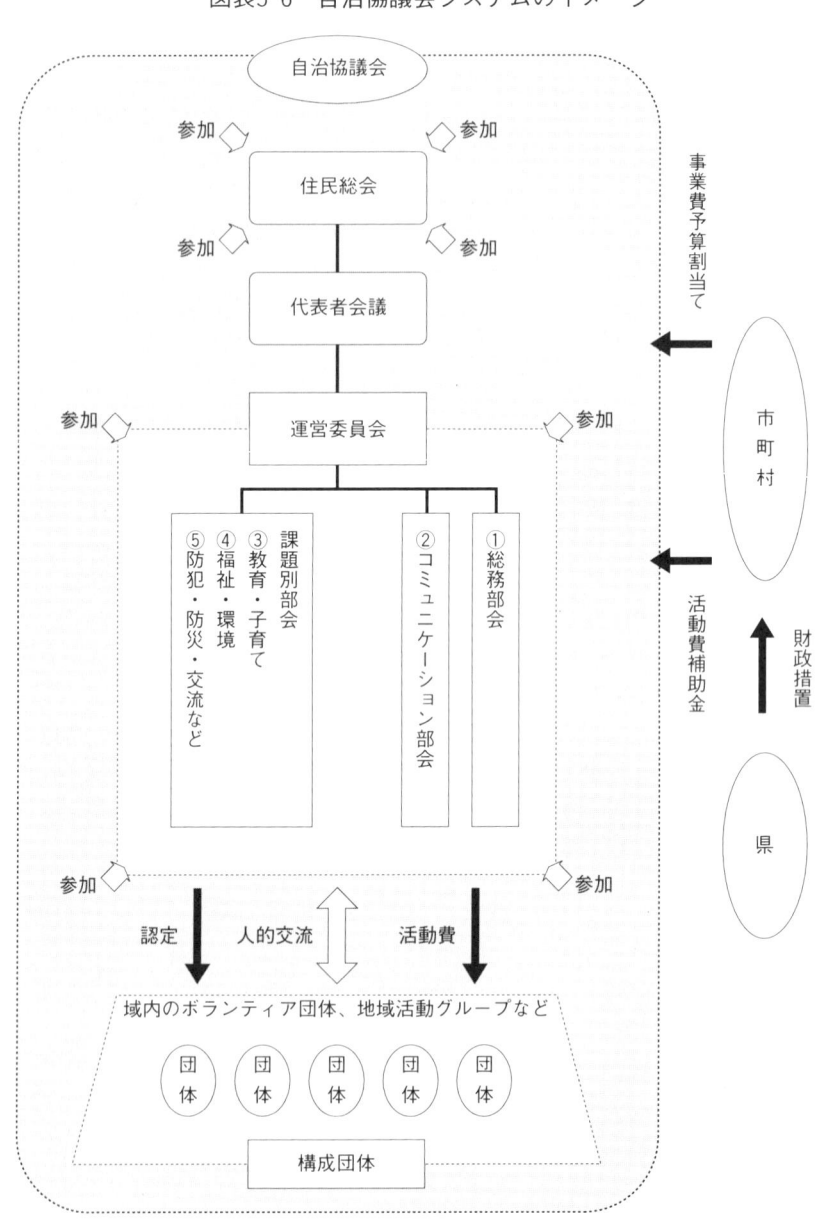

第2部 市町村合併を考える4つの手がかり

図表5-6 自治協議会システムのイメージ

出所）小さな自治のシステムの研究政策研究会『小さな自治のシステムの研究検討資料』（第1版）p.36の図をもとに作成

第5章 住民自治と市町村合併

■住民自治組織と行政との関係■

「自治協議会」のような住民自治組織を確立させるには、住民の主体的な取り組みは不可欠ではあるが、同時に市町村の側に狭域単位での自治の中核を担う組織として扱う姿勢が求められる。こうした住民自治組織は、現在のところあくまで任意の組織にとどまらざるを得ず、従来の地縁組織などとの関係をどのように見直すか、また、市町村の域内行政との整合をどのようにはかるかが問われるからである。

市町村は、まず「自治協議会」のようなシステムが狭域単位の自治の担い手であることを市町村行政に明確に位置づけ、組織に正当性を付与する仕組みを用意することが求められる。そのためには、従来の支所・出張所など、市町村の域内行政のあり方を見直す必要が生じよう。

市町村におかれている支所・出張所の多くは、本庁舎の窓口サービスの延長として機能しているにすぎず、地域住民の意向を行政に反映させたり地域単位で政策立案や事業実施ができる仕組みにはなっていない[4]。これは、支所・出張所の多くが合併される市町村への政治的な配慮として設置されたからである。そのため、いつまでも旧町村の単位が残ってしまうと合併後の市町村の一体性を妨げになるとして統廃合を求める声すらある[5]。また、近年大都市の一部で試みられている「都市内分権」についても、本庁機能の一部を地域単位におろすことにより、地域の実情に応じた対応はやりやすくなるものの、住民参加の仕組みが確保されていない限り、自治の基盤を拡充することにはつながらない。

支所・出張所のような地域機関は、事務権限の一部を住民自治組織に付与し、自主的に事務・事業の展開ができる予算枠を用意することが必要である。そのうえで、地域機関が有する権限、財源、施設等を住民自治組織に委ねるような方向で、両者の役割分担を明確化する作業が求められる。また、市町村の地域機関は、住民自治組織と協力して地域の問題解決に当たったり、住民自治組織が自ら対応することが困難な事務・事業を市町村に要請する際に一本化した窓口と担当職員で受けるなど、住民自治組織

支所・出張所

市町村長の権限に属する事務を分掌するために市町村の区域の一部に設置されるもの。支所は市町村の事務全般を処理し、出張所は役所・役場の窓口の延長業務にとどまるとされるが、具体的な業務内容は条例で定める。

と協働の関係を構築するための組織体制や人員配置が必要となろう。

　市町村のこのような対応は、相手が住民の主体的な取り組みであることから、必ずしも市町村全域で一斉に行う必要はない。熊本県三加和町では、住民自治組織の単位として1998年4月より「ムラづくり協議会」を設け、順次各地区に立ち上げているが、現時点ではまだすべての地区で立ち上がっているわけではない。町の担当職員によれば、「町が設立を押しつけたのでは本末転倒。住民が自発的に手を挙げてくれなければ意味がない」という（『熊本日日新聞』2000年5月31日付）。

　また、住民自治組織の性格や行政のサポートのあり方は、地域によって異なってくる。町内会・自治会などの地縁組織の活動が活発でないところでは、三鷹市の事例でみたような取り組みが参考になるであろうが、農村部においては、地縁組織の基盤をベースとしつつ、それをリニューアルする視点が求められるかもしれない。たとえば、熊本県宮原町では、14の区（町内会に相当する組織）を単位に住民による「まちづくり推進員」と町の職員による「地区担当職員」をおき、住民の自主的な活動を行政が積極的に支援している。行政と住民とのワークショップは年間300回以上行われているという。また、まちづくりの拠点として「まちづくり情報銀行」を開設し、企画調整課ごとその施設に移している。

　そして、いずれの場合においても、行政は組織の立ち上げやその後の活動がしやすいような条件整備を積極的に行うことが求められる。また、立ち上がった住民自治組織に対しては、組織の形態、住民の参加の度合い、自治能力などに応じて弾力的な対応をはかることが必要である。

4 市町村合併に伴う住民自治組織づくり

■ 従来の地域への配慮 ■

　合併に伴う組織変革が住民参加の仕組みを取り入れるきっかけとなるならば、市町村合併は住民自治拡充につながることが期待できる。そして、そのためには全庁的な仕事のスタイルを見直す取り組みとともに、住民の自治組織を立ち上げ、住民の自主的・主体的な対応に基づく狭域単位による自治の基盤を構築することの重要性についてみてきた。

　もっとも、戦後の市町村合併を振り返ると、このような観点に立った地域への配慮は不十分であったといわざるを得ない。従来の市町村合併による地域への配慮は、主に支所・出張所の設置という形で対応されてきた。すでに指摘したように、支所・出張所の設置は、狭域単位での自治を確立するというよりは、合併に伴う地域利害に配慮する観点に立ったものであったといってよい。特別地方公共団体として制度化されている財産区制度も、同様の趣旨による。このような発想に基づく地域性への配慮は、自治の拡充につながらないばかりか、合併後の一体的な地域づくりにとって障害となる。合併に伴う地域への配慮は、住民の自発的な取り組みをいかに尊重するかという観点に立ったものでなければならない。

> **財産区制度**
>
> 特別地方公共団体の一つ。明治の大合併や昭和の大合併などの際に、部落・集落単位あるいは旧町村の単位で有していた財産または公の施設に対する当該地区住民の管理・処分の権利を特別に認める制度。幅広い財産が対象となる。

■ 地域審議会制度の概要 ■

　市町村合併に伴う地域利害への配慮に対しては、1999年の合併特例法改正により、地域審議会制度が用意されている（第5条の4）。これは、①合併関係市町村（以下「旧市町村」という。）の協議により、②期間を定めて旧市町村の区域を単位として設けられ、③合併市町村長の諮問を受け、または必要に応じて長に対して意見を述べることができる、④合併市町村の附属機関である。

　地域審議会制度は、地方自治法上に規定される市町村の附属機関（第138条の4第3項）の位置づけである。その違いは、通常の附属機関であれば、合併後に条例を制定しなければ設けることができ

ないが、それでは合併前の懸念を払拭することができないという配慮から、合併前に旧市町村の協議により設けられるようにしたものである。

地域審議会は、旧市町村の区域を単位とする。市町村の区域を分割して複数の地域審議会をおいたり、2つ以上の旧市町村の区域をあわせて1つの地域審議会をおいたりすることはできない。地域審議会の設置期間、構成員の定数、任期、任免など、組織運営に関する事項については、法律で特段の定めはなく、旧市町村の協議により定めることができる。ただし、協議については各市町村議会の議決を経ることが必要となる。

地域審議会制度は2001年9月現在の時点ではまだ導入されていないが、熊本県中球磨5か町村の合併協議会では地域審議会制度の導入が確認され（2000年8月）、合併市町村長の諮問を受ける事項については次に掲げるものが想定されている。なお、中球磨5か町村の事例については9章⑤を参照のこと。

（1）新町建設計画の変更に関する事項
（2）新町建設計画の執行状況に関する事項
（3）地域振興のための基金の活用に関する事項
（4）新町の基本構想の作成及び変更に関する事項
（5）その他町長が必要と認める事項

また、自治省（現総務省）は、必要に応じて合併市町村の長に対して意見を述べることができる事項として、次のものを例示として挙げている。

（1）市町村建設計画の執行状況（随時的）
（2）公共施設の設置・関係運営
（3）福祉・廃棄物処理・消防等の対人的施策の実施状況

地域審議会の設置期間についても、旧市町村の協議により定められることとされているが、制度の趣旨が市町村建設計画の変更の際に地域住民の意見を反映させることに求められているから、一般的には市町村建設計画の期間が念頭におかれることになろう。また、地域審議会の設置は各地域の実情に応じて判断されるものであり、必ずおかなければならないものではなく、旧市町村のいずれかにおくこともできる。

第5章 住民自治と市町村合併

■地域審議会制度の活用■

　地域審議会は、あくまで市町村建設計画の進捗や変更などについて首長から諮問を受けたり、意見を述べたりするための制度であり、旧市町村の区域を単位としていることからも、本章で述べてきた住民自治組織に代わる組織とはなり得ない。しかし、合併をきっかけとして新たに住民参加の仕組みを構築しようとする場合、住民同士、住民と行政がともに合併後のまちづくりを考えていく場になることが期待できる。

　そのためには、地域審議会に住民自治組織の代表者を委員にくわえるなど、地域住民の合意を形成する場として積極的に活用する視点が必要になる。単に地域利害を表明する場としてではなく、住民が自発的に参加し、その意思の表明を制度面から明確に位置づける視点である。

　このような視点に立った活用ができれば、議員がはたす役割も従来とは異なったものになることが期待される。合併により地域の意見が反映されにくくなるという懸念を持つのは、多くの場合、編入合併される側の小規模町村である。小規模町村の場合、編入合併により従前の市町村議会の議員定数のすべてを失うこともあり得る。

　合併特例法では、こうした状況に配慮し、編入される市町村の議員定数について「編入合併特例定数」を設け、どんなに小規模の場合でも、合併後最初に行われる選挙により選出された議会の議員の任期相当期間まで、最低1名は当該市町村の選挙区から議員を選出できるとしている（第6条第2項～8項）。この特例を活用して、たとえば、この1名ないし若干名の議員が地域審議会の会長または委員となり、地域審議会の意向を代表する役割を担えば、合併市町村における地域審議会制度の位置づけは附属機関以上の意味を持つことになろう。

■市町村合併を住民自治の拡充につなげるために■

　地域審議会制度をこのような形で活用できるのは合併後の一時期でしかない。また、住民代表と議員との間にある種の信頼関係が築かれていること、既存団体の充て職のようなものでなく、住民が主体的に選んだ代表者が委員になることといった前提が必要となる。

　しかしながら、逆に自治の基盤が確立されているならば、地域審

議会に限らず、さまざまな制度を住民自治の拡充につなげる手段として活用することができる。市町村合併の決定は市町村議会の議決を要するから、制度上は首長と議会でその是非を判断することになる。

だが、たとえば合併協議会の審議内容や手続きを公開し、住民の意見を集約する手法を取り入れるならば、民意に敏感に反応せざるを得なくなるはずである。そうした方向に向かわせるためには、住民の意向が集約され、地域の意思が明確になっていることが必要である。その点からも、住民自治組織を立ち上げ、定着させることは、住民自治の拡充にとって大きな意義を持つものといえよう。

市町村合併が全国的に進み、市町村の区域・規模が拡大していけばいくほど、狭域の単位における自治の必要性は高まっていくであろう。住民自治の基層単位は基礎自治体である市町村から住民自治組織のようなより狭域の単位にならざるを得なくなるからである。そのとき、住民自治組織を法制化する動きがでてくるかもしれないし、現在の「公務員」の概念そのものの見直しが迫られることになるかもしれない。

いずれにしても、市町村行政は、ただ区域・規模を大きくすればよいというものではなく、広域の単位で求められる課題と同時に狭域の単位で求められる課題にも適切に対応することができなければ、市町村の統治能力は高まらないといえる。そして、そうした対応には、支所・出張所のような地域機関を設けることも重要ではあるが、住民が主体的に、あるいは行政と住民が協働して地域の問題解決に当たることができるような仕組みづくりが不可欠である。市町村合併には、このような新たな自治の基盤づくりを行う視点が求められる。

〔注〕
1) 真渕勝「市町村合併－ドミノ、効率、民主主義－」『都市問題研究』（第50巻第6号、1998年）pp.34～35
2) 神野直彦「地方分権と合併の両義性－効率性の観点から」『地方政府のガバナンスに関する研究（NIRA研究報告書）』（総合研究開発機構、1999年）p.40
3) ㈶日本都市センター『近隣自治とコミュニティ～自治体のコミュニティ政策と「自治的コミュニティ」の展望～』(2001年) pp.7～8

4） ㈶日本都市センター『都市における新しい行政のあり方等に関する調査－平成8年度市役所事務機構研究会報告－』（1997年）pp.106～113
5） 昭和の大合併直後に刊行された『全国町村会史』（全国町村会、1958年、pp.176～177）では、全国町村会の立場から支所・出張所は合併市町村の一体性確保の妨げになるものという評価がなされている。この内容を紹介したものとして、村上順「昭和の大合併と市町村の一体性（上）」『自治総研』（第270号、2001年4月号）pp.55～56

第6章 市町村合併と都道府県・広域行政

1 市町村合併後の都道府県の姿

■広域行政のメリット■

　市町村合併によって規模が大きくなれば、広域的視点に立って、道路の整備を図ることができる。土地利用もより効果的に計画できるようになるし、地域の個性を生かした効果的なゾーニングができるようになるのも確かであろう。

　図書館についても、合併がなければ、小さな図書館（町村の場合には公民館の中に図書室を設ける程度のものが多い。）が市町村ごとに設置されているというのが普通であるが、合併すれば、専門図書の機能を備えた図書館を地域の中心に据え、情報センターを兼ねた図書館を周辺部に効果的に配置することもができる、等々、文化施設の効率的な配置ができるようになることも考えられる。スポーツ施設についても同じく計画的に配置できるようになり、近くに類似のスポーツ施設が重複しているというような事態はなくなると期待できる。

　観光資源の開発や活用も、合併によって広域化すれば非常にやりやすくなろう。また、より大きな市町村が誕生すれば、地域の存在感が出るかもしれない。合併の結果、政令指定都市や中核市、特例市などの指定を受けることができれば、いわゆる市としての「格」があがり、その存在感が大きくなることが期待される。政令指定都市などの大都市になれば、都道府県が有する権限に近づくことで、都道府県に頼らず独自の創意と工夫で仕事をするようになるなど、仕事の内容に応じて職員の意識が自ずと変化することが期待できるかもしれない。

■市町村合併と都道府県制の見直し論議■

　もちろん、このような市町村合併による広域化のメリットについては、必ずしもすべての市町村に当てはまるわけではない。市町村のおかれる状況によって享受できるメリットには違いが生じることはもちろん、どのような将来像を描くかによっても市町村合併に求

第6章 市町村合併と都道府県・広域行政

めるメリットは異なってくる。ただ、いずれにしても、一般的な傾向として市町村合併により市町村の行政能力が高まるとするならば、合併が進んだ先には都道府県の見直しが俎上に載せられることは必然である。とくに、国会で議論されているような大規模な市町村合併が行われる場合には、市町村合併に続いて、都道府県の見直しが浮上するはずである。たとえば、ある議員は次のように、合併後の市町村の目標数を明示している。

「地方公共団体も、本当に少子高齢化の中でですね、住民福祉の向上であるとか、地方行政の推進、広域的行政の要請など、さまざまな課題を抱えております。その解決方策のひとつとして・・・市町村合併による行政規模の拡大、財政基盤の確立等、地方分権の受け皿としての体制を強く求められておるのであります。わが自由党は『現在3000以上ある地方自治体を最終的に300市に統合して、足腰の強い自治体づくりを目指す』ということになっております。党としての最重点課題であります」(黄川田徹議員の国会での発言(2001年6月12日))。

市町村合併の目標数の提示は、何も自由党だけではない。自民党・公明党・保守党の与党3党も2000年12月に閣議決定された「行政改革大綱」のなかで1,000という数字を出している。また、市町村合併の担当大臣である片山総務大臣は、2001年5月の国会で、塩川財務大臣の示唆として、300くらいという目標数字を示している。

「昨年12月に決めました行政改革大綱の中で、与党3党が1000という数字を出していますから、それを踏まえて、だからそれが1つの目標になるのかなと、できるだけそれに近づけるように合併特例法が切れる平成17年の3月までに努力いたしますと、その時、塩川さんはですね、もう片山さん、ちょっと1000じゃ多すぎるんで、(合併後の人口)30万位がどうかなって言ってましたよ。ただあまり強いあれではなかったですけれどもね、1つの案で。それを300、30万、なるほど1億2千万ですからね、300か400になるんで……」(片山総務大臣の国会での答弁(2001年5月24日)。なお、( )は筆者挿入。)。

このように、市町村の数が激減し、しかも、その行政処理能力が高まるとすれば、今度は都道府県の再編が議論されることになるはずである。事実、市町村合併の担当大臣である片山総務大臣は次のように都道府県の見直し、道州制や連邦制への移行を示唆する。

「仮に1000なりですよ、1000以下の市町村に再編成されるのならば、都道府県をもういっぺんね、都道府県制度を考え直さなければいけません。ところが、今の地方自治法では都道府県制度は何にも書いてないんですよ。だから、法律を作らなければいかんですね、新しい。そこで、どういうことをやるのか、いわゆる道州制なのか、府県合併なのか、あるいは、広域連合というのが今市町村にありますけれども、広域連合なのか、府県連合なのかね、そういうことは大いにこれまた国民的議論でですね、国民の皆さんに選択してもらう必要があるんで、ただ、おそらく・・・道州制というのは、ブロック位の大きさで、首長さんは公選でしょうから、議会はもちろんあるんでしょうから、そうなると私は前から言っているんですが、限りなく連邦制に近づくと、九州州、中四国州、近畿州、連邦をやるんなら連邦でいいんですよ。中央政府はもう連邦ができないことだけやればいいんで、外交や防衛や通貨政策や、いや本当に。残りは全部やると、アメリカみたいに。州が州兵を持って、裁判所も持ったりね、まあ、しかしそこまで徹底できるのかなという個人的に私は懸念しておりますんで、これは今後の大きな議論だと思いますけれども、とりあえずは市町村合併をしっかりやっていくことによって、その後に府県制度をどうするか、これを大いに憲法問題とあるいは絡むかもしれませんけれどもね、議論していったらどうだろうかと、こういうふうに思っております」（片山総務大臣の国会での答弁（2001年5月24日））。

道州制・連邦制

道州制とは、都道府県を7〜10程度のブロックに再編し、それぞれに政治・行政の統治主体を設置するもの。連邦制も同様の趣旨であるが、統治主体に立法制定権を含む強力な自治権が付与されるため、憲法改正の必要が生じる。

2 都道府県の役割の見直し

■ 都道府県に固有の機能とは何か ■

　市町村合併によって都道府県はどのような影響を受けるのであろうか。市町村の規模が大きくなり、その行政能力が拡充すれば、都道府県の見直しが論議の的になるのは必然である。片山総務大臣が指摘するように、道州制あるいはブロック単位の合併ということが検討されるようになる可能性もある。しかし、都道府県の見直しが必然であるとしても、そこから直ちに、現在の都道府県を"無用"と断定するのは問題である。

　たとえば、イギリスでは1974年に大規模な市町村の統合を行い、1,000をはるかに上回っていた市町村が300余りになったが、府県は部分修正があった程度で、人口5,000万人弱のイングランドに約40の府県が設置された。その後、大ロンドン府や大都市を包含する県が廃止されたり、大ロンドン庁が復活したり、さらには、県と市町村双方の機能を併せ持つ一層制の自治体が登場したために府県が消滅したという地域も出てきたが、今でも、イングランドだけで県が34（および2000年に発足した大ロンドン庁）もある。

　もちろん、イギリスと日本の府県の役割は大きく異なるものであることを考慮に入れなければならない。イギリスでは、府県と市町村の関係はある程度明確に分離されているのに対し、日本の場合は1つの事務・事業をめぐり両者がそれぞれの立場から関わることが多いのである。ただ、市町村合併が進み、市町村の財政力や行政力が増強されたとすれば地方分権が実質的に進むことになるから、それに伴い都道府県の役割は変わらざるを得なくなる。改めて、都道府県に固有の機能とは何かが問われるはずである。市町村への権限移譲など、地方分権をより一層前進させようとすればなおさらである。

> **都道府県の性格**
>
> 地方自治法では、都道府県は「市町村を包括する広域の地方公共団体」として、広域事務、連絡調整事務、補完事務の3つの事務を処理するとされるが、概念的な区分であり、具体的な事務の配分は地方自治法と個別法に規定される。

■ 三重県の取り組み ■

　それでは、都道府県はどのように変わっていくのか、あるいは変えるべきなのかということになるが、この点で参考になるものに、

三重県の「市町村と県の連携・協働・役割分担に関する合同研究会」（座長：四日市大学教授丸山康人）の中間報告がある[1]。

この研究会は、分権型社会における県のあり方と県・市町村の役割分担を検討するために、三重県職員、市町村職員、学識経験者をメンバーとして2000年9月に設置された。そして、翌年3月に基本的な考え方を中間報告として取りまとめた。この研究会設置の背景には、市町村合併や地方分権が進んだ先に、従来の県という組織は本当に必要なのか、府県再編や道州制への移行など都道府県制度自体の見直しが必要ではないかという三重県知事の問題意識がある。

中間報告では、県の基本的な性格として3つの機能を挙げている。第1は、広域的に対応すべき機能である。市町村の区域を越えて広域にわたり処理することが不可欠な事務、あるいは、そうするほうが効率的であるという事務・事業をまず県の機能としている。

第2の機能としては、広域的見地からの調整及びアドバイス機能である。県が広域自治体として先駆的な政策あるいは県の戦略的な政策を展開しようという場合、市町村行政をそうした政策に誘導したり、市町村行政との調整をはかったりする必要が生じる。こうした認識から、県としては、対等・協力の関係に立って、市町村行政を誘導したり、調整したり、あるいは市町村の政策策定にアドバイスする事務・事業を県の機能としている。

第3の機能は市町村の補完的機能である。一般に想定されているように、県は市町村が手に負えないような高度な事務の処理を県の機能と考えているのはもちろんであるが、この中間報告は、それだけではなく、市町村の規模・能力には大きな格差があるという前提のもとに、規模・能力が脆弱な町村に対して県が対等な立場から協力する機能も積極的にはたすことを想定しているのである。

もっとも、県はこれらの3つの機能を行使する前提として、県の機能を純化しなければならない、というのが研究会の考えである。現在、県が処理している事務・事業には、市町村と共管し、競合しているものが多い。このような事務・事業をいったんすべて市町村に移管することにする。それによって、市町村の権能を強化することが、この中間報告の主眼である。しかし、その前提のもとでも、どうしても県の責任において処理する必要があるという事務・事業もある。また、市町村の受け入れ能力が十分でないために、県が補完的な役割をはたさなければならないということもある。こうした

第6章 市町村合併と都道府県・広域行政

事務・事業を整理すると、①広域的に対応すべき事業、②調整・アドバイス機能、③補完的機能の3つの機能になるとしたのである。

そして、県の本庁は、この3つの機能のうち、主として①と②の機能を担い、③の補完的機能については、県の地域機関（総合出先機関：三重県では「県民局」という。）が担うこととしているが、市町村に能力がある場合は、市町村の広域連合、あるいは県と市町村の広域連合による対応が望ましい場合もあるとしている。

■ユニット方式と"逆委託"■

県の機能を純化するには、市町村と共管・競合している事務・事業を、原則として市町村の事務・事業とする必要がある。これが研究会の認識であったが、しかし、財政力・規模、また行政能力の異なるすべての市町村に対して画一的に事務権限を配分するのは問題といわなければならない。とくに、三重県は、その行政区域が南北に長く伸びた県であり、県民の多くは北部の都市地域に集中し、南部は人口も少なく、非都市地域となっている等々、地域間の違いが顕著である。このため、研究会の中間報告は、人口規模に地域特性を加味して権限移譲をするべきであると判断し、そのための類型を設定した（図表6-1参照）。この類型ごとに、移譲するひとまとまり（ユニット）の権限を用意したわけであり、中間報告書はこれを"ユニット方式"と呼んでいる。

他方、中山間地域の町村のなかには、将来の財政や人口を見通したとき、現在の行政サービスを維持することすら困難になるところが出てくることが予想される。たとえば、三重県内の過疎指定を受けている町村を例にみると、都市部とは対照的に今後急激な人口減少が予測されている（図表6-2）。これは、わが国の中山間地域に位置するすべての町村に共通する傾向である。

こうした町村に対しては、地域にとって必要な事務権限を積極的に移譲することは重要ではあるが、単に移譲する事務権限の多寡をもって分権の成果を判断するのは適切とはいえない。それどころか、中長期的には現在の町村の事務権限を県あるいは広域連合に移管することを視野に入れるべきとすらいえる。こうした認識のもとに、研究会の中間報告は、

中山間地域

平野部でも山岳部でもない地域のこと。農業白書（1989年度版）によれば「平野の周辺部から山間部に至る、まとまった耕地が少ない地域」と定義される。日本の山林の7割を占めるが、担い手不足が深刻な問題になっている。

中山間地域などでは県や広域連合による補完的な役割を拡充することとし、このうち行財政基盤のとくに脆弱な町村については県や広域連合に権限の一部を委託できるようにしたいと提案した。

図表6-1　三重県における権限移譲の類型

類型名	性格要素	人口要素	地形・地理的要素	想定される都市制度
自立都市型	拠点型	概ね20万以上	都市連たん地域 都市的地域 都市・中山間並存地域	指定都市
拠点都市型	拠点型 拠点・郊外型	概ね10〜20万程度	都市連たん地域 都市的地域 都市・中山間並存地域	中核市又は特例市
都市機能強化型	拠点・郊外型 郊外型	概ね10万未満の市	都市連たん地域 都市的地域	特例市
地域振興型	独立型	概ね10万未満の市	都市・中山間並存地域 中山間地域	特例市
都市機能補完型	拠点・郊外型 郊外型	概ね4万未満の町村	都市連たん地域 都市的地域	一般市
地域補完型	独立型	概ね4万未満の町村	都市・中山間並存地域 中山間地域	一般市

出所）市町村と県の連携・協働・役割分担を考える合同研究会『市町村と県の連携・協働・役割分担に関する中間報告書』(2001年) p.30

図表6-2　三重県内市町村の将来人口予測（1995年を100とした場合）

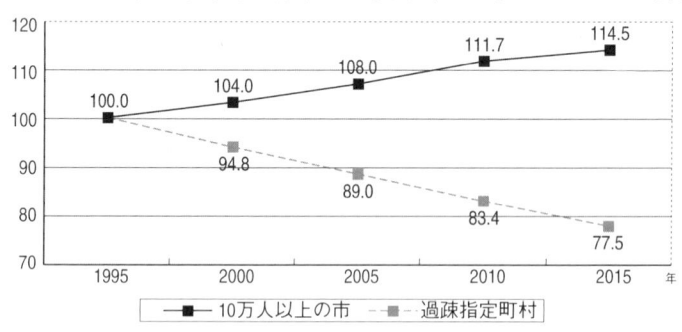

年	10万人以上の市	過疎指定町村
1995	100.0	100.0
2000	104.0	94.8
2005	108.0	89.0
2010	111.7	83.4
2015	114.5	77.5

注1）「過疎指定町村」とは「過疎地域自立促進特別措置法」に基づき「過疎地域市町村」の指定を受けている町村
注2）「10万人以上の市」は6市、「過疎町村」は12町村の人口の合計値
注3）1995年を基準年としているため、実際の人口の推移はこれよりも減少傾向にある。
出所）三重県ホームページ（http://www.toukei.pref.mie.jp/MWPOP00.ASP）における人口推計予測をもとに作成（作成日：2001年9月8日）

県から市町村への権限移譲ではなく、逆に町村の事務・事業を県のものにするというところから、この方式は"逆委託"と呼ばれている。行財政基盤の脆弱な町村がフルセットの行政を維持することよりも、町村が「自己決定・自己責任」の原則に沿って、自立性を発揮できるレベルにまで権限の量を絞り込む。これが地方分権の流れに実質的に沿うことになると判断したわけである。

このように県と市町村の関係を見直していくと、三重県内の有力都市には政令指定都市や中核市に匹敵する権限をあたえ、県の役割を小さくしようとしている一方、中山間地域の過疎町村に対しては、県（県民局）のはたす役割はこれまで以上に大きくすることを提案しているということが理解できよう。

この研究会の提案は、いまのところは、まだ構想段階である。三重県では2001年度中を目途に研究会の提案を「地方分権推進方針」として取りまとめ、2002年度中に具体的に移譲する事務権限の選定や、移譲に伴い必要となる市町村への財政面・人材面での措置を確定したいとしている。

今後、研究会の提案がはたしてどれだけ現実のものになるか。若干の危惧もあるが、しかし、中央政府の地方分権政策が都道府県に対する分権にとどまり、他方では市町村合併を全国的に進めようとしているという状況を考える場合には、三重県が独自のスタンスで県の役割を見直す意義は非常に大きいといわなければならない。この見直しは、県から市町村に対する分権の推進につながるだけでなく、中央政府が進めようとしている市町村合併を市町村自治の拡充につなげるものといえるからである。その意味で、三重県の地方分権と市町村合併への対応は、県が中央政府の出先機関としての地位から脱皮し、広域自治体として市町村と対等・協力の関係に徹することができるかどうかを占う試金石となろう。

3 市町村合併に対する都道府県の役割

■都道府県に求められる姿勢■

市町村合併は、本来的には地域の必要性に応じて行われるべきものであり、地域の自主的な判断に委ねられるべきものである。しかし、実際には、国家的な見地から、あるいは国策遂行上の必要性から、合併が要請されるという場合が多い。というよりも、大々的に

行われた市町村合併は、すべて、このような国家的な見地から要請され、実現したものである。明治時代の大合併もそうであり、昭和の大合併やその後の昭和30年代の合併もそうであった。今回の合併もその例外ではなく、財政危機の打開という国策を遂行するために要請されていることは明白である。

現在、各地で検討されている市町村合併は、このように中央政府側から仕掛けられたものであるため、地方自治の担当省である総務省はあの手この手の合併推進策を講じている。1999年7月の合併特例法の改正によって財政措置の拡充をはかったり、2001年3月には総務大臣を本部長とする市町村合併支援本部を設置し政府を挙げて市町村合併を推進する体制を整えつつある。そうしたなかで、2001年3月には、総務省自治行政局の名前で、都道府県に対して、知事を長とする市町村合併支援本部を「平成13年中のできるだけ早い時期に」設置するよう要請している。この支援本部の仕事は、合併重点支援地域を指定すること、合併協議会の設置を働きかけること、等々である。このような都道府県に対する要請は法律に基づくものであり、都道府県としてはその要請にしたがわなければならないということになっている。いわば都道府県は、法制度上、中央政府の意向にしたがって合併推進に向けた条件整備を行うことが義務づけられているわけである。

しかし、市町村合併に対する都道府県の役割は、いわば中央政府の代弁者としての役割だけではない。それにくわえて、都道府県独自の役割もあるはずである。とりわけ地方分権の充実が課題となっている今日においては、都道府県は、中央政府と異なる観点から、市町村合併を進めるべきか否か、どのような市町村合併を進めるべきか、等々について、都道府県独自の判断をする必要があろう。その場合、都道府県は、財政危機の打開策としてだけではなく、それ以上に、市町村の能力アップや市町村自治の拡充に焦点を合わせて、市町村合併の適否を判断するべきである。

市町村合併は、市町村行政の効率化あるいは行政能力の向上という点で、メリットが大きいことは確かである。とはいうものの、メリットをどれだけ享受できるかという点については、地域間に大きな格差があるといわなければならない。とりわけ、中山間地域や離島の町村の場合は、過疎化や地場産業の衰退といった深刻な事態に直面している。中山間地域は森林を保存することによって水源を守

り、また地球温暖化の抑制をはかるなど、都市ひいては地球の環境に対して、はかりきれないほど大きな貢献をしているのであるが、こうした機能は、現実にはあまり評価されていない。中央政府が全国一律に進めようとしている合併の説明をみても、こうした地域がはたしている機能をどのように評価し、どのようにその機能を扱おうとしているのか、明確ではない。

市町村の行政能力を拡充するために、また、それによって市町村自治を拡充するために市町村合併を進めるという観点に立てば、都道府県は、中央政府の指示にしたがって、県内一律の合併を推進しようとするのではなく、農林業、国土の保全、伝統・文化の保全・維持に対して、どのような影響が及び得るのかを率直に表明すべきである。そうした懸念を考慮した上で、また、それに対する対応システムを念頭においた上で、合併構想を打ち出していかない場合には、合併論議は前進をみないのではなかろうか。何よりも重要なのは、市町村の行政能力を引き上げ、それによって市町村自治の強化をはかるという点に、市町村合併の目的をおくことである。そのためには、都道府県は以下のような役割を担うことが期待される。

■都道府県の役割その1：合併に伴う都道府県の自己改革の明示■

市町村合併により、市町村の区域・規模の合理化をはかることで、行財政能力が拡充されるとともに、幅広い行政需要に対応できるようになることが期待される。その限りにおいて合併は地方分権の流れに沿うものである。

もっとも、合併により市町村自治を拡充しようとすれば、合併市町村にはその規模・能力に応じてより多くの権能が付与されるとともに、当該市町村は自らの権能について都道府県から自立して行使できるようにすることが望ましい。そのためには、三重県の取り組み事例でみたように、市町村の規模・能力などに応じて、都道府県との大胆な事務権限の再配分が求められる。

都道府県による市町村合併の推進は、都道府県自らの役割を見直し、機能を純化する自己改革の取り組みが併せて行われなければならないのである。都道府県は、まずそうした自己改革の方向を明らかにしておくことが求められる。

■ 都道府県の役割その２：合併による懸念を解決するための仕組みづくり ■

　中山間地域の町村など、市町村合併による懸念が強く抱かれている地域に対しては、その懸念を緩和する仕組みを検討する必要がある。それは、一つには、三重県の取り組み事例でもみたように、事務の委託制度や都道府県と市町村が参加する広域連合制度あるいは都道府県による事務の代行制度の活用など、過疎化が深刻な小規模町村に対し都道府県が補完的な役割をはたす仕組みについて、具体的に提示していくことが求められる。

　もう一つは、従来、市町村など行政が担ってきたサービスについて、住民や市民活動団体などが担い手になるような活動を支援したり、従来の行政の関わりを見直し、新たな枠組みを提示したりすることである。たとえば、中山間地域の棚田を保存するために「オーナー制度」を設け、その担い手を都市住民に求める運動や、森林の維持管理をＮＰＯが行うなど、住民や団体が主体となって地域の課題に取り組む事例がある。また、和歌山県知事は三重県知事と共同で、間伐材の利活用など、森林の持つ公益的機能の増進を図りつつ雇用の創出を確保することを目指す「緑の公共事業」の検討を始め、国にも予算枠の創設を働きかけるという。都道府県は、そうした地域の取り組みに目を向け、積極的に後押ししたり、課題の解決を国や都道府県全体で取り組める枠組みを提示したりする役割が求められよう。

> **事務の委託制度**
>
> 当該地方自治体の事務の一部を他の地方自治体に委託する制度。委託した地方自治体は、その範囲内において執行管理する権限を失う。法令上の責任は受託した地方自治体が負い、経費はすべて委託した地方自治体が負担する。

■ 都道府県の役割その３：市町村が合併について真剣に検討するための条件整備 ■

　都道府県は、基本的には上記の２つの役割を積極的にはたしていく必要がある。もっとも、これらはいわば市町村合併後の将来に向けた体制づくりである。現在の合併特例法は2005年３月に失効するが、現行法における財政上の優遇措置は、そのままの形では延長されないという見方が強い。総務省は、市町村合併を推進するためのマニュアル（『合併協議会の運営の手引』2001年８月）を作成し、全国の都道府県・市区町村に配布した。これは自治体関係者が市町村合併を推進する上での考え方や具体的な検討手順を示したものであるが、一貫して2004年度中の合併を想定した内容となっている。

市町村合併に対しては、国の地方交付税制度の見直しなどが本格的に行われるならば、小規模町村を中心にドミノ倒しのごとく一気に加速することが想像される。そのことの是非は別にして、2004年度中という期限が、市町村合併に対する国の姿勢のターニングポイントであるとしたら、市町村はいわば「危機管理」の問題として対応する必要がある。合併の得失や合併後の将来像など、合併の是非を判断するために必要な材料を用意し、具体的な検討をできる限り早い段階から進めておくことが望ましい。

都道府県は、国の求めに応じてシンポジウムやパンフレットを作成するといった消極的な対応にとどまるのではなく、市町村がこうした対応をとる必要を積極的に訴え、それに必要な情報提供等の支援をはたすことが望まれる。また、そのためにも、都道府県は上記2つの役割のように、市町村合併後の将来に向けた体制づくりの方向を明らかにしておくことが求められる。

4 市町村合併と広域連合・都道府県

■市町村合併しか選択肢はないのか■

本章の冒頭で指摘したように、市町村合併により市町村の区域・規模が拡大することで、市町村は広域的に対応しなければならないさまざまな課題に対処することができる。また、職員の能力アップなど、行政能力の拡充につながることが期待される。ただし、市町村行政に求められる行政課題は、その区域・規模を拡大することによってのみ解決されるわけではない。

たとえば、ごみ・環境問題についてみると、現在、ダイオキシン対策として大規模なごみ焼却施設の建設が求められている。最低でも1日当たり100トンもの処理能力が必要とされるから、それに見合うだけの人口と財政力が求められることになる。だがその一方で、ごみの減量化や資源リサイクルの活動など、そもそもごみを出さないようにする取り組みも重要であり、それには地域や住民の協力が不可欠である。行政職員は、地域に密着したきめ細かな対応とともに、この取り組みを住民や地域団体と協働して対応する姿勢が求められる。場合によっては住民・団体の手に問題解決を委ねることもありえよう[2]。

広域の単位による対応が求められる事務・事業の多くは、同時に

地域に密着した行政や地域レベルでの協働による問題解決が一層求められているのである。そうであるならば、あえて市町村合併をしなくとも、既存の広域行政手法を活用すれば対応できるという考え方も成り立つ。では、既存の広域行政手法は、市町村合併に代わる「もうひとつの選択肢」になり得るのだろうか。

■事務の共同処理方式の現状■

地方自治法では、広域行政の手法として一部事務組合、広域連合、地方開発事業団、協議会、機関・職員の共同設置、事務の委託などの制度が設けられている。これらを総称して「事務の共同処理方式」という。事務の共同処理方式は、1998年7月現在、全国で9,425件、関係団体は延べ35,922団体（1件当たり3.8団体）と、多くの活用実績がある。そのほとんどは市町村同士の共同処理である。共同処理方式のうち最も多く活用されているのは事務の委託制度（6,039件）と一部事務組合制度（2,770件）である。この2つで全体の9割以上を占める（図表6-3参照）。

事務の共同処理により処理されている事務をみると、公平委員会、環境衛生（ごみ・し尿処理、上水道など）、厚生福祉（高齢者福祉

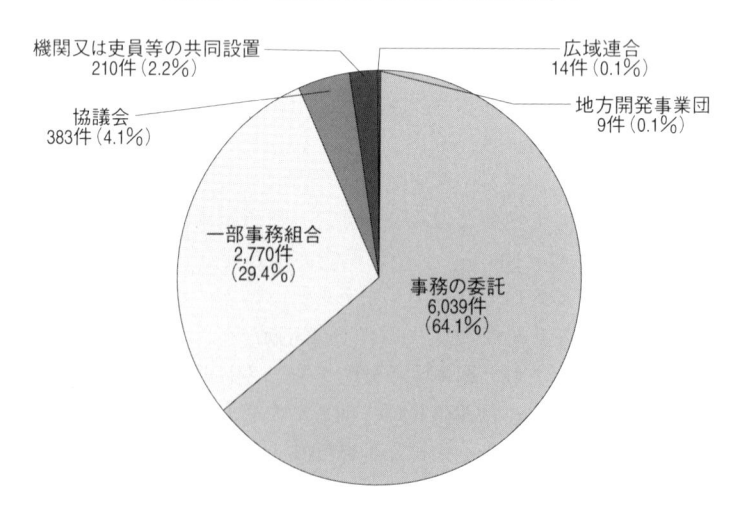

図表6-3　事務の共同処理の方式別割合

- 機関又は吏員等の共同設置　210件（2.2％）
- 広域連合　14件（0.1％）
- 協議会　383件（4.1％）
- 地方開発事業団　9件（0.1％）
- 一部事務組合　2,770件（29.4％）
- 事務の委託　6,039件（64.1％）

出所）自治省行政局『地方公共団体間の事務の共同処理の状況調（1998年7月1日現在）』をもとに作成

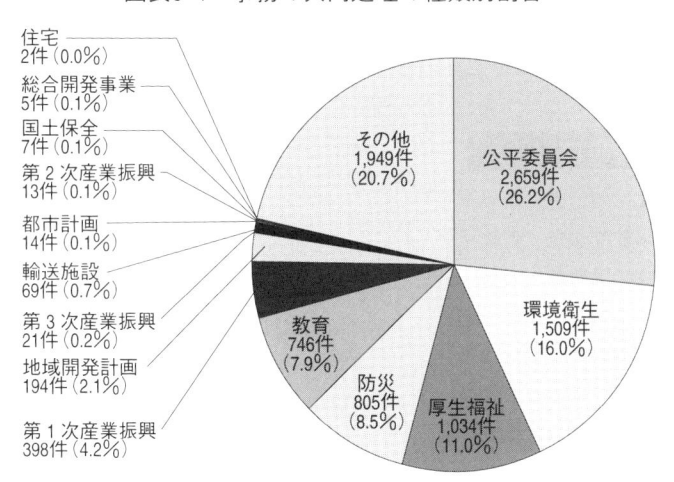

第6章 市町村合併と都道府県・広域行政

図表6-4　事務の共同処理の種類別割合

- 住宅 2件（0.0%）
- 総合開発事業 5件（0.1%）
- 国土保全 7件（0.1%）
- 第2次産業振興 13件（0.1%）
- 都市計画 14件（0.1%）
- 輸送施設 69件（0.7%）
- 第3次産業振興 21件（0.2%）
- 地域開発計画 194件（2.1%）
- 第1次産業振興 398件（4.2%）
- 教育 746件（7.9%）
- 防災 805件（8.5%）
- 厚生福祉 1,034件（11.0%）
- 環境衛生 1,509件（16.0%）
- 公平委員会 2,659件（26.2%）
- その他 1,949件（20.7%）

出所）自治省行政局『地方公共団体間の事務の共同処理の状況調（1998年7月1日現在）』をもとに作成

施設、病院など）、消防の順で多い（図表6-4参照）。1つの市町村では費用がかかりすぎる、能率的でない、あるいは適切な人材を確保することが難しいといった事務・事業について、共同処理していることがわかる。

■ 事務の共同処理方式の限界 ■

　もっとも、自治省（現総務省）は、「市町村の合併の推進についての指針」（1999年8月）のなかで市町村合併と事務の共同処理方式との関係について触れ、一部事務組合などの手法は、「ややもすれば、責任の所在が不明確となりがちであり、また、関係団体との連絡調整に相当程度の時間や労力を要するために迅速・的確な意思決定を行うことができず、事業実施等に支障を生じる場合も見受けられる。したがって、人材を確保し、かつ、地域の課題を総合的に解決する観点からは、市町村合併により、意思決定、事業実施などを単一の地方公共団体が行うことがより効果的である」として、事務の共同処理方式は市町村合併に代替し得ないと断言している。

　広域行政手法は、自治省が指摘したように事務の共同処理として活用される限り、市町村合併に代わる制度としてみた場合には問題

が多いといえよう。事務の共同処理方式は、構成団体が決めた事務・事業を構成団体が決めたやり方で実施するための存在であり、どのように予算を使うかとか、どのように広域的な課題に対応するかといったことを決定する権限はない。このため、事務の共同処理方式では、構成団体すべての利害が一致したものしか処理できず、その調整に多大な労力を要するから、広域行政と地域に密着した行政を総合的に展開するには、市町村が1つになった方が効果的といえるのである。

また、事務の共同処理方式の多くは、議会を有している場合でもそのすべてが構成団体議会からのいわゆる充て職で占められており、都道府県・市区町村で認められている直接請求は認められていないなど、民意を反映しにくいという問題もある。

> **直接請求**
> 地方自治法に規定される条例の制定・改廃請求、監査請求、議会の解散請求、首長、議員および主要公務員の解職請求のこと。住民は一定の署名数を集めることによりこれらの請求を行うことができる。

■広域連合制度の可能性■

ただし、事務の共同処理とされる方式のうち、広域連合については、活用の仕方しだいでこうした事務の共同処理方式の限界を克服することができる制度になっている。広域連合は、1994年の地方自治法改正により創設された新しい制度である。これは、制度上一部事務組合制度と同様の位置づけであるが、次の点において一部事務組合制度とは異なる特徴を有している。

すなわち、広域連合制度は、①広域にわたる総合的な計画（以下「広域計画」という。）を作成し、②「広域計画」の実施のための連絡調整を図り、③「広域計画」に定められた事務を総合的・計画的に実施するという3つの機能を併せ持っていることである（地方自治法第248条第3項）。一部事務組合制度との最大の違いは、一部事務組合制度では③の事務の実施機能しか持ち合わせていないということである。

「広域計画」とは、構成団体にとっての広域的な課題のうち広域連合が処理する事務・事業を盛り込んだものであるが、それらに密接に関係する構成団体の事務・事業も盛り込むことができる。そして、広域連合は構成団体に対してその実施を勧告することができるのである。たとえば、広域連合がごみの焼却を行うこととされている場合、適切に焼却するにはごみの分別を徹底することが不可欠で

あり、その受け入れ能力の問題から減量化の取り組みが求められるかもしれない。これらが構成団体の仕事であっても「広域計画」に盛り込めば、広域連合は構成団体に対してそれらの取り組みを適切に実施するよう勧告することができる。

さらに、執行機関の長である広域連合長と広域連合議会の議員を直接公選により選出することも可能であるから、住民が直接連合長や議員を選ぶようになれば、事務の共同処理方式ではできなかった主体的な広域行政を展開する可能性が開けてくるのである。

ただし、法制度上はそのように設計されているものの、設立済の広域連合をみると、2001年5月1日現在、29道府県で74ある広域連合はいずれも連合長や議員を住民の直接選挙で選出しておらず、地域の課題を総合的に解決する観点に立って「広域計画」を定めているところはない。現状では、広域連合制度は一部事務組合制度と何ら変わらない活用のされ方しかされていないのである。

また、広域連合は自主財源を持たないから、現実問題として、たとえ連合長や議員を住民が直接選んだとしても、なお構成団体との調整に多大な労力を要することは容易に想像されるところである。広域的な課題と地域に密着した課題を一体的・総合的に行うには、市町村合併による対応の方がやりやすいといえる。

■広域連合制度による補完機能と都道府県の役割■

広域連合は事務の共同処理方式の限界をある程度克服した制度ということはできるものの、現状の活用のされ方をみる限り、市町村合併による対応の方がよりメリットを見出しやすいということができる。広域連合制度を市町村合併に代わる「もう一つの選択肢」とみなすことができるのは、中山間地域のように隣の集落まで山をいくつも越えなければならないといった合併に向かないとされる地域に対してであろう。

こうした地域においては、広域連合制度を積極的に活用することについて真剣に検討することが必要になってくる。それは、従来の事務の共同処理としての発想ではなく、主体的な活動が展開できる存在であることが前提とされなければならない。また、市町村の広域連合には都道府県も参加できるから、三重県の取り組み事例でみたように、都道府県は広域連合を通じて補完的な役割をはたしていくことも検討に値しよう。それにより、市町村、都道府県はそれぞ

れどのような役割をはたすべきかを改めて考えるきっかけになるだけでなく、将来的には都道府県の出先機関の機能を広域連合に移管する動きにつながるかもしれない。

そして、市町村合併を基本としつつも、合併に向かない地域に対してはこのような新しいタイプの広域連合が活用されていったならば、都道府県の役割は縮小に向かうはずである。このとき、府県再編や道州制の議論が現実味を帯びることになろう。この意味で、市町村合併の問題は、都道府県の役割を問い直し、その再編を模索する問題でもあるといえるのである。

〔注〕

1） 筆者は研究会のメンバーとして調査に携わった。三重県の取り組みについての本文中の記述は、筆者個人の見解によるものである。

2） たとえば、名古屋市にある特定非営利活動法人「中部リサイクル市民運動の会」では、名古屋市の取り組みに先駆け、商店街やスーパーなどに「リサイクルステーション」を設置し、資源ごみを回収する運動を展開している。また、埼玉県志木市では、市民団体が市の環境基本計画を提言し、市民と行政が協働して問題解決にあたるための方策を検討している。

第3部
市町村合併の実際を見る

第7章 市町村合併の仕組みと準備作業

　第2部では、市町村合併という問題を検討するのに有効と思われる、4つの視点を示したが、そうした視点に立って検討した上で、仮に市町村合併をしていくとしたならば、どのような仕組により、どのような手続きを踏んで、合併の準備を進めていけばよいのであろうか。

　既述のように、市町村合併について規定している法律に、合併特例法がある。市町村合併を進めていく場合には、この合併特例法の規定に則って、準備作業を進めていくことになる。なお、同法は2005年3月までの時限立法であるため、同法の下で、第8章で触れるような財政的なさまざま特典も受けながら合併しようとすれば、その準備のために残されている時間は少ない。

　そこで、本章では、この合併特例法に則しながら、市町村職員にはどの段階でどのような事務が発生するのか、その事務をどのような体制で、どのようなプロセスを経て、どのように調整しながら遂行していけばいいのかなどといった、市町村合併に至るまでの準備作業の流れを、紹介することにする。

1 合併協議会

■その性格■

　合併特例法では、市町村合併をしようとする場合、合併に先立って、その合併への参加を検討しているすべての関係市町村により、合併協議会という組織を設けることが、義務づけられている（第3条第1項）。

　このため、しばしば、この法定の合併協議会が設置されることイコール合併の意思決定だと、みなされがちである。確かに政治的には、事実上、この合併協議会の設置イコール合併の意思決定である場合も多い。

　しかしながら、少なくとも法制度上は、合併協議会の設置イコール合併の意思決定ではない。制度上は、合併協議会は、あくまでも、合併をするべきな

> **合併協議会**
>
> 地方自治法第252条の2で、地方自治体は、事務の共同処理や、連絡調整、広域にわたる計画作成などのために、規約を定め協議会を設置できるとされており、合併協議会もこの規定に則り設置される。

のかどうかも含めた、合併に関するあらゆる事柄を協議する組織だとされているのである。

実際、栃木県の栃木市と小山市との合併協議会のように、合併協議会での協議の結果、当面両市の合併を行わないとの結論に達し、合併協議会の解散を決めたところもあるのである。合併協議会の設置が、必ずしも合併の意思決定ではないという点は、誤解があるとすれば改める必要があろう。

■その設置■

合併協議会の設置に際しては、そこで検討しようとする合併の組み合わせに含まれる、それぞれの市町村の議会すべてで、首長の付議に応えて、協議会の設置を議決する必要がある。

首長による合併協議会設置の議会への付議は、通常、関係市町村のそれぞれの首長合意の上で、首長の発意によりなされるものである。したがって、付議に先立って、関係市町村の事務レベル・幹部レベルそれぞれの間で、事前に調整が進められているのが普通である。

通常この、合併協議会設置の付議に先立つ事前調整は、関係市町村の事務職員間の勉強会・研究会や、首長・議会関係者も加わった形での任意の協議会といった形をとる。通常は、合併協議会の設置は、この任意の協議会での調整を経て、合併協議会の委員構成や、協議期間すなわちいつまでに合併の結論を出すのかといったことが固まってから、議会に付議される。

しかし、合併協議会の設置が住民発議で請求された場合には、いささか事情が異なってくる。住民発議とは、事前に調整が行われているかどうかということとは無関係に、直ちに合併協議会を設置することを、請求するものだからである。このような住民発議があれば、事前調整を経ずに付議されることもあり得る。

第7章 市町村合併の仕組みと準備作業

図表7-1　合併協議項目（田無市・保谷市合併協議会の例）

自治体の存立に関わる基本的な事項
- ◇　新市の名称
- ◇　合併の方式
- ◇　事務所の位置
- ◇　合併の期日
- ◇　町名の取扱い
- ◇　財産の取扱い
- ◇　慣行の取扱い
- ◇　組織及び機構の取扱い
- ◇　条例、規則等の取扱い

事務事業の一元化に関わる事項
- ◇　市議会議員の定数及び任期
- ◇　農業委員会委員の定数及び任期
- ◇　特別職の職員の身分の取扱い
- ◇　一般職の職員の身分の取扱い
- ◇　一部事務組合等の取扱い
- ◇　公共的団体等の取扱い
- ◇　消防団の取扱い
- ◇　地方税の取扱い
- ◇　使用料・手数料の取扱い
- ◇　下水道使用料の取扱い
- ◇　国民健康保険制度の取扱い
- ◇　補助金等の取扱い
- ◇　電算システムの取扱い
- ◇　介護保険制度の取扱い
- ◇　各種事務事業の取扱い
  - ・企画・広報広聴関係事業
  - ・選挙関係事業
  - ・財務会計関係事業
  - ・総務関係事業
  - ・学校教育関係事業
  - ・生涯学習関係事業
  - ・福祉関係事業
  - ・保健衛生関係事業
  - ・防災・環境・自転車対策等関係事業
  - ・ごみ対策関係事業
  - ・産業文化関係事業
  - ・建設関係事業
  - ・都市計画関係事業

新市建設計画に係る事項
- ◇　新市建設計画

出所）西東京市合併資料室ホームページ
　　（http://www.city.nishitokyo.tokyo.jp/old/kyogikai2/table/index.html）

■その協議事項■

合併協議会設置に至る準備の詳細については、次節以降で述べることにして、ここでは、合併協議会での主な協議事項を見ておくことにしたい。

図表7-1は、2001年1月に合併して西東京市となった東京都の田無市と保谷市の、合併協議の際の協議項目の例である。

仮に合併するとして、①新しくできる自治体の名前をどうするか、役所・役場はどこにおくのかといった、自治体のアイデンティティに関わる問題、②これまでそれぞれの自治体の独自のやり方で事務事業を処理してきていたのを、どのようにして事務処理方法を統一するかといった問題、③合併後どのようなまちづくりを進めていくのかという新自治体の基本構想にあたる建設計画、などが主な協議事項である。これらの協議事項の、詳細な協議内容や協議の進め方については、それぞれ節を設けて、後に説明することにする。

2 合併協議会の設置まで

■庁内での勉強会・研究会■

次ページの図表7-2は、市町村合併の一般的な流れに、2005年3月に合併する場合の日程のシミュレーションを付して、示したものである。

現在、合併特例法が定めている市町村合併への財政的特例措置等は、2005年3月の同法の期限切れ以降は、延長されないものと思われる。したがって、仮に合併をするならば、その市町村にとっては、第8章で触れるように、この期限切れ以降に合併するよりも期限内に合併をした方が財政的にはるかに得をする。

通常、合併協議会の設置に先立って、関係市町村の事務職員間の勉強会・研究会や、首長・議会関係者もくわわっての任意の協議会といった形で、事前調整や事前準備が行われることが多い。

さらにいえば、これらに先立って、自らの市町村の役所・役場の庁内のみでの勉強会・研究会が設けられることもある。市町村合併は、一つの市町村の中だけで完結する問題ではなく、必ず相手のある問題である。合併協議は、相手市町村との交渉という側面があるわけである。したがって、いきなり協議会で交渉に臨むのではなく、

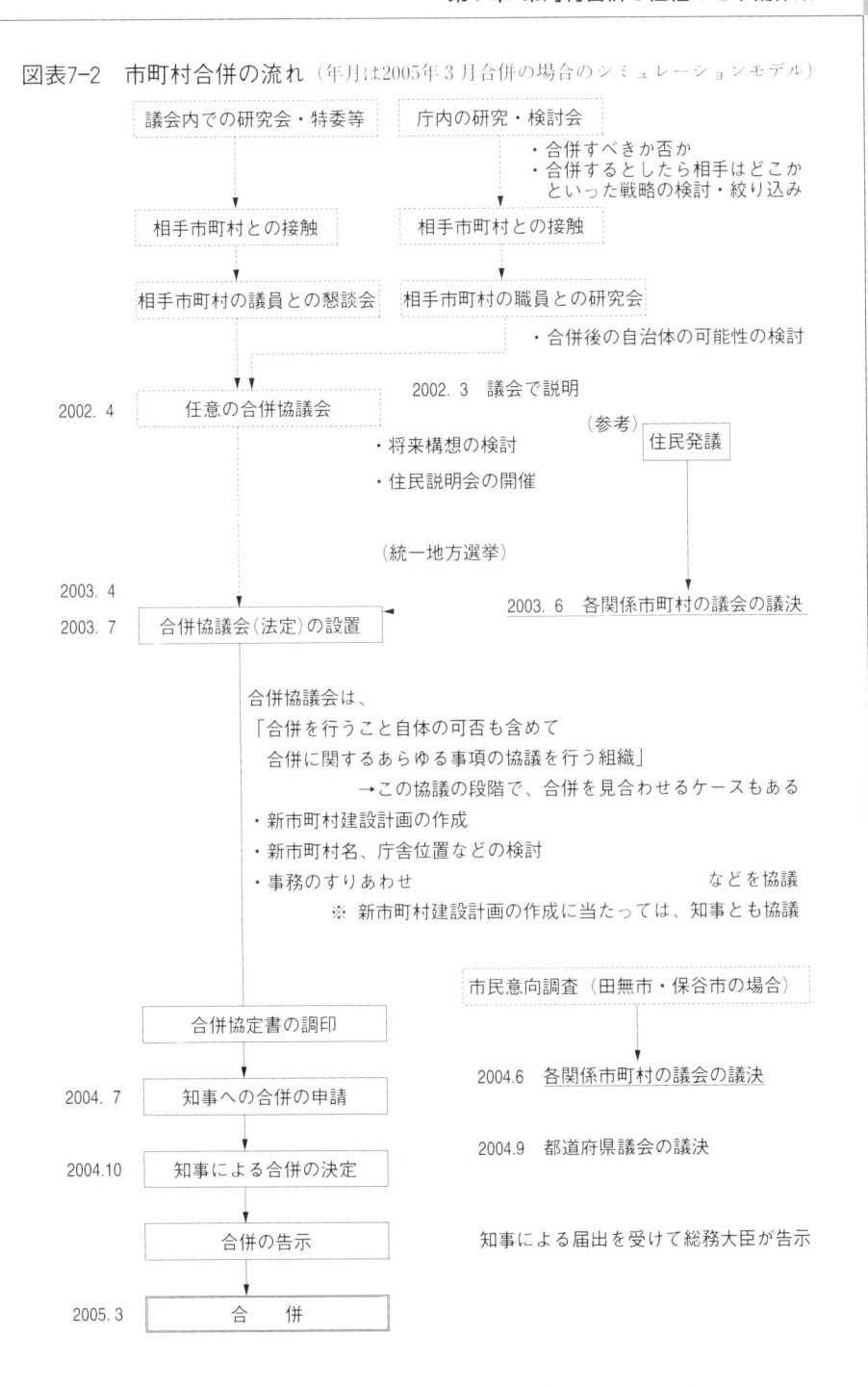

第7章 市町村合併の仕組みと準備作業

図表7-2　市町村合併の流れ（年月は2005年3月合併の場合のシミュレーションモデル）

```
                  ┌──────────────────────┐   ┌──────────────────────┐
                  │ 議会内での研究会・特委等 │   │   庁内の研究・検討会   │
                  └──────────┬───────────┘   └──────────┬───────────┘
                             │                            │   ・合併すべきか否か
                             │                            │   ・合併するとしたら相手はどこか
                             │                            ▼     といった戦略の検討・絞り込み
                  ┌──────────────────────┐   ┌──────────────────────┐
                  │   相手市町村との接触    │   │   相手市町村との接触    │
                  └──────────┬───────────┘   └──────────┬───────────┘
                             ▼                            ▼
                  ┌──────────────────────┐   ┌──────────────────────┐
                  │相手市町村の議員との懇談会│   │相手市町村の職員との研究会│
                  └──────────┬───────────┘   └──────────┬───────────┘
                             │                            │   ・合併後の自治体の可能性の検討
                             │              2002. 3  議会で説明
                             ▼                                  （参考）┌──────────┐
  2002. 4       ┌──────────────────────┐                                │ 住民発議 │
                │   任意の合併協議会     │                                └────┬─────┘
                └──────────┬───────────┘  ・将来構想の検討                    │
                             │               ・住民説明会の開催                │
                             │                                                 │
                             │           （統一地方選挙）                       │
  2003. 4                    │                                                 │
                             │                              2003. 6  各関係市町村の議会の議決
  2003. 7       ┌──────────────────────┐◀──────────────────────────────────────┘
                │  合併協議会（法定）の設置 │
                └──────────┬───────────┘
                             │
                  合併協議会は、
                  「合併を行うこと自体の可否も含めて
                    合併に関するあらゆる事項の協議を行う組織」
                          →この協議の段階で、合併を見合わせるケースもある
                  ・新市町村建設計画の作成
                  ・新市町村名、庁舎位置などの検討
                  ・事務のすりあわせ                              などを協議
                       ※ 新市町村建設計画の作成に当たっては、知事とも協議

                                                        ┌──────────────────────┐
                                                        │市民意向調査（田無市・保谷市の場合）│
                ┌──────────────────────┐                └──────────┬───────────┘
                │   合併協定書の調印     │                             ▼
                └──────────┬───────────┘                2004.6  各関係市町村の議会の議決
  2004. 7       ┌──────────────────────┐
                │  知事への合併の申請    │
                └──────────┬───────────┘                2004.9  都道府県議会の議決
  2004.10      ┌──────────────────────┐
                │  知事による合併の決定  │
                └──────────┬───────────┘
                ┌──────────────────────┐                知事による届出を受けて総務大臣が告示
                │     合併の告示         │
                └──────────┬───────────┘
  2005. 3      ┌──────────────────────┐
                │      合　　併          │
                └──────────────────────┘
```

交渉に臨むに当たっての戦略を練るといった、下準備を必要とする。

こうした勉強会・検討会で勉強・検討されるのは、①市町村合併について規定している合併特例法などの仕組みはどのようになっているのか、②一般に、なぜ近年、市町村合併が必要とされているのか、③自分たちの市町村は、合併すべきか、あるいは合併したほうが良いのか、④仮に合併するとしたら相手はどこなのか、⑤その仮想合併相手市町村の行政水準や住民負担の状況、地方債残高などは、自分たちの市町村に比してどうか、⑥どのような条件であれば、その仮想相手市町村との合併に乗れるのか、どこまでなら譲れるのか、などである。

このような勉強・検討は、市町村の職員間だけではなく、議会においても、進められていくことが望ましい。議会は、市町村の意思決定に責任を持つ議決機関であるからである。庁内での勉強会・研究会と並行して、あるいはこれに先行して、議会は、各会派内での政策研究会等において、あるいは特別委員会を設置するなどして、こうした準備を進めていくことが必要となろう。

■相手市町村との勉強会・研究会■

上でも触れたように、市町村合併は相手のある問題である。したがって、ある程度、内部での準備が進んだならば、相手市町村の担当職員と接触し、共同での勉強会・研究会を重ねていくことで、相手との共通認識を醸成していく必要がある。

こうした勉強会・研究会は、通常、それぞれの市町村の担当職員レベルで組織されるが、当然、この設立は、それぞれの首長の合意の上になされることになる。場合によっては、それぞれの首長も、研究会の委員や顧問といった形で参加することもあってよいし、学識経験者に参与などの形で参加してもらうことも、有効であろう。

この勉強会・研究会では、上記の庁内での勉強会・研究会での勉強・検討内容の①～③に加え、この勉強会・研究会を構成している市町村の組み合わせが妥当か、この組み合わせで合併するとして、それぞれの行政水準などに照らしながら、将来に向けてどのような地域づくりをしていける可能性があるか、などを検討していくことになる。

地方債残高

これまで健全財政でやってきた自治体にとって、多額の地方債残高を抱える自治体との合併となると、その返済のツケを押し付けられるという意識が働きがちである。こうした点の克服も課題となる。

■任意の協議会■

　合併相手として想定される市町村との勉強会・研究会での検討がある程度進んだ段階で、この勉強会・研究会を格上げして、首長や議長などのくわわった任意の協議会がつくられるのが一般的である。

　任意の協議会には、通常、「合併問題協議会」などの名称が付けられる。この任意の協議会では、法定の合併協議会という正式な組織を立ち上げて協議することが妥当であるか、妥当であるならば、その合併協議会の委員構成はどうするのか、学識経験者を入れるのか、住民代表は入れるのか、入れるのであればどのような人を何人、どのような方法で決めて入れるか、協議期間はどう設定するか、すなわちいつまでに結論を出すのか、などを調整する。

　また、この任意の協議会の段階で、仮に合併したら、将来、どのような地域を目指すのかといった将来構想を策定する場合も多い。この将来構想は、後述する法定の合併協議会で策定される新市町村建設計画のたたき台としての役割を持つとともに、住民に対しての合併問題の検討状況を説明する資料ともなる。

　合併協議会は、以上のような事前準備・事前調整を経て設置されるのが、一般的である。ただし、任意の協議会で協議されることの多い将来構想等は、本質的には合併の是非にもからむ内容であり、本来は法定の合併協議会で協議されることが望ましい。任意の協議会で実質的な協議を進めてしまうのではなく、勉強会・研究会での検討がある程度進んだ段階で、速やかに法定の合併協議会を立ち上げて、そこで協議を進めていくことこそ、本来のあり方なのである。

3 住民発議の場合

■住民発議制度導入の背景■

　住民発議制度は、1995年の合併特例法改正で新たにできた制度である。合併特例法自体は、もともとは1965年に10年の時限立法ということでつくられた法律で、その後、1995年の改正までに二度、10年ずつの時限の延長をしてきた。そして1995年に三たび、10年延長するに当たり、大幅に内容の改正が行われ、その際に、この住民発議制度も取り入れられたという経緯がある。

　1995年の改正までの市町村合併法は、市町村の合併に対しては中立的で、市町村が自主的に合併をしようとする際に、その障害となる事柄を除去しようとするにとどまっていた。

　しかし1995年の改正は、当事者をして「実質的には、新法の制定に近い」と言わしむような大改正であり[1]、これを機に、同法は、市町村合併に対して中立的な法律から市町村の自主的合併を積極的に支援していく法律へと、大きくその性格を変えた。

　そして、この一環として、住民発議制度が導入された。地域住民が市町村合併を望んでいながら、首長や議会が、その検討さえ真剣に行わないという例が、まま見られた。このため、国は、地域住民が求めている場合には合併協議会を設置して市町村合併について検討するべきであると考え、住民に合併協議会設置の直接請求権をあたえたわけである。

■住民発議制度の仕組み■

　合併協議会の設置を求める住民発議による請求は、必ずしもその合併に関するすべての市町村で行われる必要はない。たとえば、ある町の町民が、隣接する市との合併協議会の設置を求める場合、町内で、有権者の50分の1以上の署名を集めて請求すればいいのであって、必ずしもこの合併相手として想定している隣接の市で、同時に住民発議の運動をする必要はない。

　署名集めの手間を考えれば、同時に複数の市町村で有権者の50分の1集めるのは、大きな組織に依存しない限り、なかなか困難である。ことに、人口数十万人というような市の場合は、有権者の50分の1といっても数千から1万人に近い。このような膨大な数の署名

第7章 市町村合併の仕組みと準備作業

を1か月以内に集めるのは、大変なことである。また、同時に複数の市町村で署名集めをするという場合には、そのすべての市町村で有権者の50分の1以上ずつ署名が集まらなければ、請求は成立しない。合併協議会の設置を望む人のとる戦術としては、これは得策ではなかろう。

ある市町村で、住民から合併協議会の設置を求める発議があった場合、当該市町村の首長は、相手方の市町村の首長に、合併協議会の設置を議会に諮るかどうかの意見を求めることになる（合併特例法第4条第2項）。相手方の首長から議会にこの件を諮るとの回答を得た場合には、当該市町村と相手方の市町村、それぞれの議会に合併協議会を設置するべきか否かが諮られ、それぞれの議会でその是非が議論されることになる。すべての関係市町村の議会で可決された場合に、合併協議会が設置される。

逆に、相手方の首長が、議会に諮る意思がない旨の回答をしてきた場合には、議会に諮られることもなく、合併協議会は設置されないことになる。事実、1996年に、福岡県志摩町の住民が、隣接する福岡市との合併を検討する合併協議会の設置を求める住民発議を行ったことがあるが、志摩町長から意見を求められた福岡市長が、議会には諮らない旨の回答をしたため、合併協議会は設置されなかった。

なお、合併の対象となっているすべての市町村で同時に、住民から発議があり、それぞれの市町村で有権者の50分の1以上の署名が集まった場合には、当該市町村の首長は、相手方の首長に議会に諮るかどうか聞くまでもなく、それぞれの議会に合併協議会を設置するか否か諮らなければならない（合併特例法第4条の2第6項）。

直接請求に必要な最少署名数は、有権者数の50分の1であるが、署名数が多ければ多いほど、現実には合併協議会の設置が可決される可能性は高くなると考えられる。多くの有権者が、合併協議会の設置さらには合併を望んでいることが明白になり、それを議会として無視することは、次の選挙を考えれば、非常に難しくなるからである。

住民発議

日本の地方自治制度では、直接請求権がある程度認められている。住民発議も、この一つである。合併協議会の設置のほかに、条例の制定改廃などについても認められている。イニシアチブともいう。

■住民発議運動■

　住民の目から将来を考えれば市町村合併は不可避と思われるにもかかわらず、首長・議会が動かず、市町村合併の検討が進まないという地域もある。こうした場合に地域住民がとりうる手段が、住民発議である。

　住民発議をしようとする場合、署名集めや啓発などを行う組織の立ち上げが、まず必要となる。

　前述のように、1か月間という限られた短い時間の中で有効な署名数を集めるためには、合併の機運を盛り上げたり、収集作業に携わる人員を確保したりするなど、相応の組織力が必要であり、それらの組織をつくるための"核"が必要である。

　青年会議所や商工会議所など、既存の組織が、この核となる場合もある。また、環境、福祉、村おこしなどの、別の地域づくりに関するテーマに取り組んできた市民活動団体が核となる場合もあろう。

　そうした核を持たずに、まったくゼロからはじめようとするのであれば、いきなり、署名集めをはじめるのではなく、まずは、市町村合併問題に関する講演会を開催するなどして、関心のある人を集め、その中から核になる組織をつくっていくことになるだろう。

　住民発議運動の推進主体となる組織が立ち上がったならば、次に必要書類等の準備にとりかかることになる。

　必要な書類は、総務省ホームページの合併相談コーナー（http://www.soumu.go.jp/gapei/）からダウンロードすることができる。

　住民発議の公式のプロセスは、この書類を満たし、請求代表者証明書の交付を受けることから始まる。

　そして、交付を受けてから1か月以内に当該市町村の選挙人名簿に載っている有権者の50分の1以上の署名を集めることになる。署名集めの期間が短いので、十分な準備がないままに、署名集めをはじめてしまうと、思うように署名が集まらず、運動に取り組んだ者にとって不本意な結果となりかねない。署名集めの期間中に、合併問題の講演会を開くなどして、関心を高め、また、その会場に集まった人に対して、その会場で署名のお願いをするといった効果的な運動を行えるよう、署名集めの開始より前に、準備をしておく必要

第7章 市町村合併の仕組みと準備作業

もあろう。

　都道府県庁の市町村合併担当部局は、市町村合併問題に関し、市町村職員の取り組みをバックアップしていることはもちろんであるが、それだけではなく、民間団体等が、市町村合併研究や啓発活動などを行う場合にも、それに対して財政支援や講師派遣などの支援を行っているという例が多い。こうした支援を受けるべく、事前に相談しておくことも有益である。

■青年会議所と住民発議 ■

　青年会議所は、各地で、市町村合併問題に関する住民運動の先頭に立つことが多い。それだけに、それぞれの地域で、市町村合併を進めようとする人々から、市町村合併運動の中心としての役割を期待されることが多いようである。

　そこでここでは、青年会議所という組織について、そして、青年会議所と市町村合併とのかかわりについて、少しみておくことにする。

　青年会議所は、それぞれの地域で、よりよい社会をつくることを目指して、次代のリーダーを目指す20歳～40歳までの人が集っている組織であり、奉仕・修練・友情を、その謳い文句としている。したがって、時間や労力は無償提供であり、活動費などもすべて自分達の払っている会費で賄い、地域・社会でのさまざまな活動を行っている。この種の活動が、リーダーとしての修練と捉えられているわけである。

　このような組織であるため、それぞれの地域の青年会議所によって、どのような地域・社会の問題に取り組むかという姿勢が違う。言い換えれば、すべての青年会議所が、市町村合併問題に詳しいわけではなく、関心があるわけでもない。それぞれの青年会議所で、メンバーが話し合いをして、自分達の地域・社会のどのような問題に取り組んでいくかを決めているのである。

　青年会議所には全国組織があり、その全国組織としては、市町村合併問題への取り組みを優先課題として掲げてはいるが、各地域の青年会議所は、それぞれの地域の実情に応じて、取り組む課題を決めている。市町村合併ではなく、もっと別の問題に優先的に取り組もうとしている青年会議所があっても、別におかしくないわけである。基本的に時間も労力も無償奉仕なため、本人達があまり関心を

> **青年会議所の関わった市町村合併運動**
>
> 住民発議（諏訪圏青年会議所など）、合併構想の提示（吉野川青年会議所など）、シンポジウムの実施（田原青年会議所など）、アンケートの実施（白河青年会議所など）などがある。

もっていない問題には、なかなか時間も割けないということもあろう。

行政や議員の中にも、地域での市町村合併の機運の盛り上げに、青年会議所に対して期待を寄せる向きがあるが、本来的には、青年会議所がどのような問題に取り組んでいくかは、青年会議所内部の問題であり、これに過度に期待することは、青年会議所の自治を損なうことになりかねない。地域の自治のために行うはずの市町村合併が、地域にある住民の組織の自治を損ねるべきではない。

■住民発議で設置された場合の合併協議会■

次に、住民発議で合併協議会が設置される場合と、住民発議によらずに合併協議会が設置された場合の、相違点についてみてみよう。

2001年9月1日現在、全国には、図表7-3のように、26の法定の合併協議会が設けられている。このうち12が住民発議によって設けられた合併協議会であり、残りの14は、住民発議によらずに設けられた合併協議会である。

住民発議によって設けられた合併協議会が、住民発議によらずに設けられた合併協議会と、一番大きく異なるのは、合併協議会の設置に先立って、事前にほとんど何の準備もされていないという点である。

合併協議会に参加しているそれぞれの市町村で、自分たちの市町村は、合併すべきか、あるいは合併したほうがよいのか。相手市町村の行政水準や住民負担の状況、地方債残高などは、自分たちの市町村に比してどうか。どのような条件であれば、その相手市町村との合併に乗れるのか、どこまでなら譲れるのか。などといったことが、ほとんど検討されていないわけである。その結果、当然のこととともいえるが、合併した後に、どのようなまちづくりが行えるかといったことも、ほとんど検討されていない。

新市町村建設計画の策定にしても、そのたたき台となるような基礎資料が、ほとんど準備されていない。当然、合併協議会が一定の結論を出すまでに要する時間は、住民発議によって設置された合併協議会の方が、はるかにかかることになる。実際、住民発議によらずに設置された合併協議会では、通常1～2年で結論を得ているの

に対して、住民発議による協議会では、設置後3～4年経っても結論を得られる目途が立っていないところがかなりあり、協議の途中で休止や解散を決めたところもある。

このためか、住民発議がなされても、その時点では合併協議会を設置せず、かわりに任意の協議会を設けて、ここで事前調整・準備を行って体制を整えた上で、その後に住民発議によることなく法定の合併協議会を設置したところもある。茨城県の取手市・藤代町の例や、長崎県の壱岐地区の例がそれである。

■地域の未来を考える契機として■

いずれにしても市町村合併は、住民にとって、政治参加の単位の変更になるわけであり、その可否については、住民の意思を反映して決められるのが当然である。自分達の地域の未来をつくっていくためには、どのような単位が望ましいのか、合併が必要なのか否か、それぞれの地域で、住民が真剣に考えて行動していってほしいものである。

住民発議運動は、地域の住民が、そうした地域の未来を考える、よいきっかけになるであろう。これが契機となって、住民が地域の未来を真剣に考えるようになれば、それこそ分権時代の幕開け、あるいは住民自治の実現につながるともいえる。

第3部 市町村合併の実際を見る

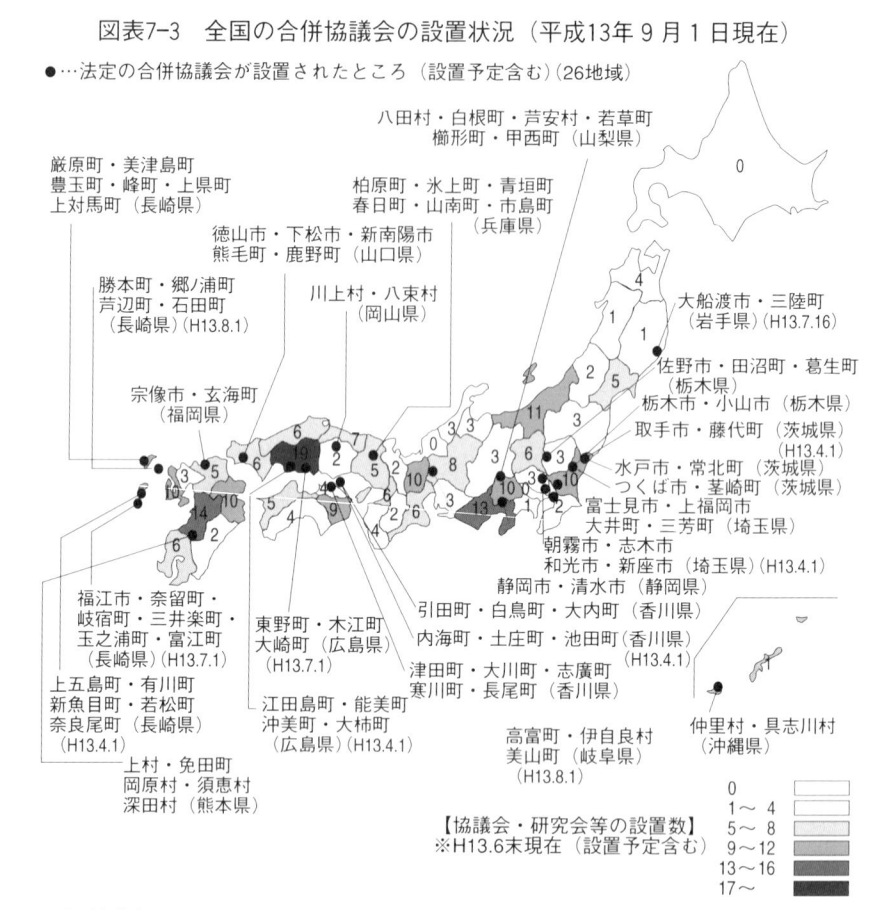

図表7-3　全国の合併協議会の設置状況（平成13年9月1日現在）

●…法定の合併協議会が設置されたところ（設置予定含む）(26地域)

- 厳原町・美津島町
  豊玉町・峰町・上県町
  上対馬町（長崎県）
- 八田村・白根町・芦安村・若草町
  櫛形町・甲西町（山梨県）
- 柏原町・氷上町・青垣町
  春日町・山南町・市島町（兵庫県）
- 徳山市・下松市・新南陽市
  熊毛町・鹿野町（山口県）
- 勝本町・郷ノ浦町
  芦辺町・石田町
  （長崎県）(H13.8.1)
- 川上村・八束村（岡山県）
- 宗像市・玄海町（福岡県）
- 大船渡市・三陸町（岩手県）(H13.7.16)
- 佐野市・田沼町・葛生町（栃木県）
- 栃木市・小山市（栃木県）
- 取手市・藤代町（茨城県）(H13.4.1)
- 水戸市・常北町（茨城県）
- つくば市・茎崎町（茨城県）
- 富士見市・上福岡市
  大井町・三芳町（埼玉県）
- 朝霞市・志木市
  和光市・新座市（埼玉県）(H13.4.1)
- 静岡市・清水市（静岡県）
- 引田町・白鳥町・大内町（香川県）
- 内海町・土庄町・池田町（香川県）(H13.4.1)
- 津田町・大川町・志度町
  寒川町・長尾町（香川県）
- 福江市・奈留町・
  岐宿町・三井楽町・
  玉之浦町・富江町
  （長崎県）(H13.7.1)
- 東野町・木江町
  大崎町（広島県）(H13.7.1)
- 上五島町・有川町
  新魚目町・若松町
  奈良尾町（長崎県）(H13.4.1)
- 江田島町・能美町
  沖美町・大柿町（広島県）(H13.4.1)
- 高富町・伊自良村
  美山町（岐阜県）(H13.8.1)
- 仲里村・具志川村（沖縄県）
- 上村・免田町
  岡原村・須恵村
  深田村（熊本県）

【協議会・研究会等の設置数】
※H13.6末現在（設置予定含む）
- 0
- 1〜4
- 5〜8
- 9〜12
- 13〜16
- 17〜

出所）総務省ホームページ（http://www.soumu.go.jp/gapei/hirogapei.html）

第7章 市町村合併の仕組みと準備作業

4 事務事業のすり合わせ

法定の合併協議会は、合併の是非も含めて合併に関するあらゆる事柄を協議する組織であるが、そこで主に協議されるのは、①事務処理方法をどう統一するかといった問題、②合併後の新自治体の基本構想にあたる新市町村建設計画、③新しくできる自治体のアイデンティティに関わる問題の3点である。

以下、この3点の具体的な協議内容や、協議の進め方などについて、みていくことにしたい。まず本節では、事務事業のすりあわせについてみておくことにする。

■事務事業のすり合わせの体制■

事務事業のすり合わせの作業は、地味で、決して目立つ作業ではない。しかし、これまでそれぞれの市町村が行っていたすべての事務事業について、これを洗い出し、見直し、調整を図るという作業になるため、その作業量は極めて膨大であり、相当な手間がかかる。

編入合併の場合であれば、原則的には、編入をする側の事務事業のやり方に、編入される側が合わせていくという形をとるため、その手間は、まだ軽くて済むが、新設合併の場合、とくに多数の市町村が関係する場合は、その手間は膨大である。

こうした作業を、それぞれの市町村の企画担当部門などの市町村合併担当職員のみで行うのは不可能に近い。そこで、事務内容ごとに、それぞれの事務の担当の職員により部会をつくり、この部会で調整を図っていくことになる。

たとえば、任意の協議会であるが、三重県に、伊賀地区市町村合併問題協議会という協議会がある。この協議会では、法定の合併協議会ができることを見越して、そこでの調整に資するために、先行して、構成する6市町村の事務内容の現状や課題、合併後期待できる効果などについて調査しているが、この調査は、課長級の職員で構成される47の専門部会や、係長級の職員で構成される93の分科会で、同時並行的に進められている。

とはいっても、役場の規模が小さな町村の場合、1人の職員がいくつもの部会を兼担せざるを得ない

> **協議会事務局**
>
> 通常、協議会を構成する各市町村から職員が派遣されて構成される。都道府県の職員が加わる例も多い。いずれかの市町村が協定により他の市町村職員も併任で受け入れ、事務局機能を担う場合もある。

といった状況が生じる。このことがより一層、作業に時間をとらせる要因となっている。たとえば、新潟市、西東京市、潮来市、さいたま市といった、最近の市町村合併では、いずれも合併協議会の設置から合併という結果にたどり着くまで、1～2年の協議で済んでいるが、熊本県の中球磨5か町村合併協議会は、これら最近合併を行った市とほぼ同時期に設置されていながら、合併の当事者であるそれぞれの町村の規模が小さく十分な数のスタッフがいないこともあり、合併の目標年次は、合併協議会設置の4年後の2003年としている。

■システムの統合など■

合併するとなれば、地方税や使用料・手数料、あるいは国民健康保険・介護保険システム、さらには各種補助金などにいたるまで、合併市町村の水準を調整し、新たな統一水準をつくる必要がある。また、それに応じて、電算システム、財務会計システムなども、再構築が必要である。

具体的には、それぞれの調整項目ごとに、各市町村の現況を一覧表にして、その調整方針を決めていくといった作業を、各部会で行っていくことになる。ちなみに、さいたま市の新設合併に際しては、使用料・手数料で58項目、補助金・交付金等では実に144項目の調整が行われた。

一般的に、市町村合併に対する反発を防ぐために、「住民サービスは高い水準に、負担は軽い方に」をスローガンとして、使用料・手数料などは、安い水準にあわせる方向で、調整する傾向がある。

しかし、そうして生じる財政負担増のツケは、最終的には地域住民が負担することになる。現時点での調整のしやすさから安きに流れるというモラルハザードに陥ることなく、地域の将来を見据えた調整が求められる。

> **モラルハザード**
> 行政サービスや住民負担の水準の調整だけではなく、合併前の各市町村の財政運営面でも、モラルハザードが生じる危険があり注意したい。すなわち、駆け込みで起債し、施設建設に充てる例などである。

■公共的団体の統合など■

合併特例法は、「公共的団体」についても、次のように統合整備をはかることとしている（第16条第8項）。

「合併関係市町村の区域内の公共的団体等は、市町村の合併に際

第7章 市町村合併の仕組みと準備作業

> **公共的団体**
>
> 本文中で例示した団体のほか、自治会連合会や老人クラブ連合会、PTA連合会などの市町村の区域を範囲とした各種連合会組織、農協、観光協会、体育協会、医師会などが挙げられる。

しては、合併市町村の一体性の速やかな確立に資するため、その統合整備を図るように努めなければならない。」

しかし、公共的団体とはいっても、行政から独立した団体である場合、行政の側からの一方的な統合方針によって、実際に統合されるとは限らない。たとえば、商工会議所または商工会は、市または町村に1団体が原則であるが、自治省(現総務省)の調べによれば、1985年4月以降に行われた市町村合併18件のうちで、商工会議所・商工会の統合が行われたのは、わずか2件にとどまっているという。つまり、市町村は合併したものの、公共的団体である商工会議所・商工会は統合されずに、1市町村内に複数の商工会議所・商工会があるという状態のところが多いわけである。

その一方で、同調査によれば、調査対象となった1985年4月以降に行われた市町村合併18件すべてで、統合が行われている公共的団体もある。社会福祉協議会や消防団である。

社会福祉協議会は、政令指定都市の場合、その区域内における地区協議会の過半数および社会福祉事業または更正保護事業を経営する者の過半数が参加するものでなければならない。また、普通の市および町村の場合は、その区域内において社会福祉事業または更正保護事業を経営する者の過半数が参加するものでなければならないというのが法律の規定である(社会福祉事業法第74条第2項)。こうした法律の規定があるために、市町村の区域内に複数の社会福祉協議会が存在することが、事実上不可能となり、その結果、統合されているものと思われる。

また、消防団については、1市町村あたりの設置数に法律上の制限は無いものの、この設置および区域は条例で定めることとされている(消防組織法第15条)。条例の制定改廃により統合が可能となっているため、統合が進んでいるものと思われる。

ちなみに、さいたま市の新設合併に際しては、公共的団体の取扱いについて、実に203項目の調整が行われている。また、各市町村がくわわっている、一部事務組合、協議会、公社、事業団、第3セクターなどについても、調整が必要である。

5 新市町村建設計画

　合併協議会は、合併した場合にできる新自治体のマスタープランとしての役割を果たす新市町村建設計画を作成することを、その設置目的の一つとしている（合併特例法第3条第1項）。合併した場合に、どのような市町村を建設していくのか、つまりどのような地域づくりを行っていくのかの、青写真を提示することが求められているのである。この建設計画を見てはじめて、市町村合併が地域づくりにとってプラスかマイナスを、きちっと判断することができる。

　新市町村建設計画は、おおむねその計画期間を5～10年程度として作成することとされており、その内容として、次の4点が例示されている（合併特例法第5条第1項）。

①合併市町村の建設の基本方針
②合併市町村又は合併市町村を包括する都道府県が実施する合併市町村の建設の根幹となるべき事業に関する事項
③公共的施設の統合整備に関する事項
④合併市町村の財政計画

　1995年の合併特例法の大改正によって、①の基本方針実現のために実施される②の事業に、都道府県の実施する事業も盛り込むこととなった。これにより、都道府県にとっては、市町村合併への協力が要請されるとともに、市町村にとっては、新市町村建設計画の作成にあたっての都道府県との緊密な調整が求められるようになったのである。

　また、通常の市町村の総合計画などとは異なり、④で5～10年程度の財政計画を立てることが求められており、これにより、計画が実現可能性の乏しいバラ色の大風呂敷になってしまうことが、防がれている。

　図表7-4は、具体的な、新市町村建設計画の章立ての例である。1995年9月1日に新設合併により誕生したあきる野市と、同日に鹿島町が大野村を編入合併したことで市制が施行された鹿嶋市の、建設計画である。合併特例法の例示を受けての作成のためか、新設合併でも編入合併でも、章立てには大差がないことが、看て取れよう。

第7章 市町村合併の仕組みと準備作業

図表7-4　新市町村建設計画の概要―あきる野市及び鹿嶋市の例―

あきる野市 (秋川市と五日市町による新設合併)	鹿嶋市 (鹿島町による大野村の編入合併)	備考 合併特例法第5条第1項による市町村建設計画に盛り込むべき事項
Ⅰ　序論 　1 合併の必要性 　　(1)歴史的経緯 　　(2)生活圏の一体化と住民ニーズの高度化 　　(3)自治能力の向上 　2 計画策定の方針 　　(1)計画の趣旨 　　(2)計画の構成 　　(3)計画の期間 　　(4)その他	Ⅰ　序論 　1 合併の必要性 　　(1)一体的、計画的な行政施策の展開と行政の総合的な力量の強化 　　(2)県東南部の中核都市の形成 　　(3)地方分権化、自立型まちづくりへの対応 　　(4)地域のイメージアップ 　2 計画策定の方針 　　(1)計画の趣旨 　　(2)計画の構成 　　(3)計画の期間	
Ⅱ　市の概要 　　(1)位置と地勢 　　(2)気候 　　(3)面積 　　(4)人口 Ⅲ　主要指標の見直し 　1 人口 　　(1)総人口 　　(2)年齢別人口 　　(3)就業人口 　2 世帯	Ⅱ　2町村の概況 　1 位置と地勢 　2 人口と世帯	
Ⅳ　新市建設の基本方針 　1 新市の将来像 　2 新市建設の基本方針 　　(1)緑と水を育む自然環境の保全と活用 　　(2)地域の発展の基礎となる都市基盤の整備 　　(3)ゆとりと潤いのある生活環境の整備 　　(4)地域が笑顔であふれる健康の増進と福祉の充実	Ⅲ　建設の基本方針 　1 建設の目標 　2 都市づくり目標の指向 　　(1)国際的な交流拠点都市づくり 　　(2)うるおいと豊かさのある産業都市づくり 　　(3)ふれあいがあり、安心して暮らせる福祉の都市づくり 　　(4)自然と歴史を活かした教育・文化都市づくり	合併市町村の建設の基本方針 (第5条第1項第1号)

151

(5)人と地域の主体性を養う教育・文化の充実 (6)地域の自立的な発展に向けた産業の振興 3 地域別整備の方針 　(1)ゾーン別整備の方針 　(2)拠点整備の方針	3 土地利用構想 　(1)鹿島区域 　(2)大野区域 4 人口の想定総人口 　(1)総人口 　(2)年齢別人口 　(3)就業人口 　(4)世帯	
V 新市の施策 1 自然環境の保全と活用 　(1)自然環境の保全 　(2)河川環境の整備 　(3)森林の総合的な維持と活用 2 都市基盤の整備 　(1)幹線道路及び生活道路の整備 　(2)公共交通の整備 　(3)市街地の整備 　(4)上水道の整備 　(5)公共下水道の整備 3 生活環境の整備 　(1)住宅地の供給と住宅の整備 　(2)公園・緑地の整備 　(3)衛生環境の整備 　(4)地域・生活関連施設の整備 　(5)防災・交通安全の推進 4 健康の増進と福祉の充実 　(1)保健医療の充実 　(2)高齢者福祉の充実 　(3)社会福祉の充実 　(4)保育の充実及び女性への支援	Ⅳ 建設計画 1 都市基盤の整備 　(1)交通体系の整備 　(2)市街地の整備 　(3)港湾及び後背地の整備 2 生活環境の整備 　(1)消防・防災体制の充実 　(2)交通事故防止対策の推進 　(3)公害防止対策の推進 　(4)防犯体制の充実 　(5)住宅等の整備 　(6)公園墓地・火葬場の整備 　(7)公園緑地の整備 　(8)ごみ処理体系の確立 　(9)し尿処理体系の充実 　(10)上水道事業の促進 　(11)下水道及び農業集落排水事業の促進 4 保健・医療と福祉の充実 　(1)保健予防の充実 　(2)健康づくりの推進 　(3)医療体制の充実 　(4)地域福祉の向上 　(5)児童福祉の向上 　(6)高齢者福祉の向上 　(7)障害者（児）福祉の向上 　(8)母（父）子福祉の向上 　(9)低所得者福祉の向上	合併市町村が実施する合併市町村の建設の根幹となるべき事項 （第5条第1項第2号） ※鹿嶋市は、基本方向と施策の方針を盛り込んでいる。

5 教育・文化の充実 　(1)生涯教育の推進 　(2)教育施設の整備 　(3)文化とスポーツの振興 　(4)国際化への対応 6 産業の振興 　(1)活力ある農林業の展開 　(2)商工業基盤の整備 　(3)観光・レクリエーションの振興	(10)年金事業の推進 (11)国民健康保険事業の推進 3 教育・文化の振興 　(1)学校教育の充実 　(2)生涯学習の振興 　(3)地域文化の振興 　(4)スポーツ文化の振興 5 産業の振興 　(1)農業の振興 　(2)水産業の振興 　(3)工業の振興 　(4)商業の振興 　(5)観光・レクレーションの振興 6 市民参加と国際交流の推進 　(1)市民参加の推進 　(2)国際交流等の推進 7 行財政の効率化 　(1)行政運営の効率化 　(2)財政運営の効率化	
Ⅵ 新市における都事業の推進 1 東京都の役割 2 新市における東京都事業 　(1)道路網の整備 　(2)林業の振興 　(3)自然環境の保全 　(4)JR五日市線の整備・改善		都道府県が実施する合併市町村の建設の根幹となるべき事業 （第5条第1項第2号） ※鹿嶋市は「Ⅳ建設計画」のなかに、県事業も盛り込んでいる。
Ⅶ 公共施設の統合整備	Ⅴ 公共施設の統合整備	公共施設の統合整備に関する事項 （第5条第1項第3号）
Ⅷ 財政計画（普通会計） 1 歳入 2 歳出	Ⅵ 財政計画 　(1)歳入 　(2)歳出	合併市町村の財政計画 （第5条第1項第4号）

6 新自治体のアイデンティティ

　新設合併か編入合併かといった合併の方式や、新自治体の名前、庁舎の位置なども、合併協議会での協議項目に含まれる。こうした協議項目は、それぞれの市町村の首長や議員の任期、あるいは市町村間の面子やプライド、主導権争いなど、いわゆる政治的な局面に強く規定されるため、担当職員レベルでの調整は不可能であり、合併協議会の委員になっている各首長・議員に委ねられる。

　一般に、新設合併は対等合併ともいわれ、編入合併は吸収合併ともいわれる。プライドからすれば、吸収合併よりも対等合併の方が望ましいと考えるのが、人情である。だが、常に対等合併が選択されるわけではない。経験則としては、人口比が１：４未満であれば新設合併が、それ以上であれば編入合併が、選択されているようである。

　また、新設合併か編入合併かは、議員の任期とも絡んでくる。仮に、議員はできるだけ長く自らの選挙を回避しようという行動をとる、と仮定してみよう。編入先の市町村と目される市町村の議員の残余の任期が２年以上あるのであれば、議員は、編入合併をして、編入される側の議員も含めて編入先の議員の残余の任期を全うしようと考えるはずである。また、自らの残余の任期が２年以内であれば、新設合併を選択して、新設後２年間、任期を延長しようと考えるかもしれない。

　名称や庁舎の位置については、編入合併の場合には、基本的に編入する側の市町村の名称が存続し、その市町村の役所・役場を使いつづけることになるため、問題は生じにくい。

　また、新設合併であっても、元来が一つの郡であり、幕政時代から篠山藩領として旧篠山町を中心として地域の一体性があった兵庫県の篠山市のような場合には、比較的早い段階で結論を得やすい。

　だが、さいたま市などのように、新設合併で、なおかつ、合併が検討されている地域を包摂するような一体的な地域呼称がなく、地域としての一体性も希薄な地域では、それぞれの市町村が自らの区域に庁舎を誘致しようとし、また自らの市町村の名称を残そうと画策することが多いため、難航しがちである。

　また、市町村合併により、旧来の市町村が新市町村において、辺境になってしまうのではないか、旧来の市町村の地域の意見が、新

市町村に反映されにくくなってしまうのではないかとの懸念もあろう。こうした懸念を払拭する目的で、地方分権推進一括法にともなう1999年の合併特例法の改正で、旧市町村単位で地域審議会という付属機関を、新市町村に設置できることとなった。熊本県の中球磨5か町村合併協議会では、全国ではじめて、この地域審議会を設けることを決めている。

7 市町村合併の意思決定

　合併協議会での協議を踏まえて、地域において最終的に合併の可否の意思決定を行うのは、それぞれの市町村議会である。関係する全ての市町村議会の議決を受けて、合併申請書が作成されて都道府県に合併の申請がなされ、都道府県議会の議決、知事による合併の決定・総務大臣への届出を経て、総務大臣が告示することにより、市町村合併は効力を発する。

　市町村議会での議決は、事務事業の統合や建設計画、新市町村の名称案などの協議結果により明らかになった仮に合併したらどのような市町村ができるかを踏まえて、判断することになる。仮に合併したらどのような市町村をつくっていけるのかが明らかにならない段階では、合併の可否について判断のしようがないため、合併協議の結果が出揃ったところでなければ議決できないという考え方には、一理ある。

　しかしながら、職員による部会・分科会での膨大な事務事業の調整や、議会の代表も加わって組織された合併協議会での何回もの協議などに関わってきた当事者にとっては、この時点で合併をしないという選択が下されることは、これまで費やされた労力の全否定と感じられてしまいかねない。つまり、合併協議会の当事者にとっては、市町村合併は、協議の過程でいつのまにか、既定の路線と化してしまっているのである。こうした状況下で、議会が、合併をしないという判断を下す可能性は、低いといわざるを得ない。

　しかしながら、地域住民の目には、そうした形での市町村合併の意思決定は、まさに「なし崩し」と映るのではないだろうか。住民説明会等の場で、合併協議会は、あくまでも合併の是非も含めて合併に関するあらゆる事柄を議論する場だと説明され、その協議会での議論によって、仮に合併した場合の将来の姿が明らかになった時点で、合併の是非の最終的な判断をするのだと、説明されてきて、

その最終意思決定に加われなければ、だまされたとの思いを抱くかもしれない。

　合併の是非の議決の直前に議会選挙があるのであれば、これが実質的な意思表明の機会になるのは確かである。だが、そうでなければ、住民自身が合併の是非を判断するための住民投票などの機会が設けられることが、望ましい。議会制民主主義の下では、民意を反映する意思決定機関として議会があるので、この効力を否定するような住民投票はすべきではない、との意見もある。だが、前節で見たように、議員はこの問題については直接の利害関係者であるため、民意が正しく反映されない可能性もある。このため、住民の意思決定への参加の機会が創出されることが、望ましいのである。

　田無市と保谷市との合併の際に行われた住民意識調査は、住民に意思決定への参加の機会を設けた、住民投票に準じたものとして評価される。だが、この住民意識調査においても、合併への賛否を問うと同時に、合併した場合の新市の市名についても聞いてしまっており、あたかも合併が既定の路線であるかのような印象を与えてしまっている。こうした経験の上に、今後、より住民の意思が正しく反映される機会が確保された形での、市町村合併の検討が望まれる。

　なお、本章で見てきた市町村合併の仕組については、市町村自治研究会編『Ｑ＆Ａ市町村合併ハンドブック＜改訂版＞』（ぎょうせい、1999年）に詳細な解説がある。合併協議会については、2001年8月に総務省から各市町村に配られた『合併協議会の運営の手引』も参考になろう。また、市町村合併の過程については、拙稿「市町村合併の過程と地域住民」（小林良彰編著『地方自治の実証分析』慶應義塾大学出版会、1998年所収）でも、あきる野市誕生の事例を中心に、過程を検証しているので、参考にされたい。

〔注〕

1)　自治省振興課課長補佐（当時）の山崎重孝氏が、「「市町村の合併の特例に関する法律の一部を改正する法律（平成7年法律第50号）」の概要について」（『地方自治』第570号）において、そのように述べている。

第8章 市町村合併の財政的影響

❶ 市町村合併による財政の効率化

■市町村合併が財政の効率化をもたらす３つの理由■

　市町村合併によって人口規模と面積が大きくなることで、「規模の経済」が働いて、住民１人あたりの支出額が減る、つまり、効率がよくなるということを第２章で説明した。では、具体的に、どのような理由で「規模の経済」が働くのか、そして、財政の効率化がはかられるのだろうか。

　結論からいうと、財政の効率化をもたらすのは、①管理部門の効率化、②三役・議員などの総数削減、③重複投資を避けることによる投資的経費の削減、の３点である。以下、順次説明していきたい。

■管理部門の効率化■

　自治体の規模に関わらず、どこの役所にも人事や財政、議会事務担当課という「管理部門」がある。住民サービスを直接行っている部門とは異なり、役所の内部管理を行っているので、２つの自治体が合併しても、双方の管理部門がそのまま残る必要はないから合理化が最も進めやすい部門であろう。また、合併と職員人事という観点では、管理部門の職員が減った分をこれまで専任の職員が配置されていなかった部門に回すことができるというメリットがある。

　合併の実例により確かめてみたい。1994年11月に茨城県勝田市と那珂湊市が合併してできた「ひたちなか市（人口15万２千人）」を採り上げる。総務費の決算額を、合併前の２市の単純合計（平成５年度普通会計決算）と合併後の市（平成10年度普通会計決算）の数値で比較してみる。結果は、１億８百万円の減、減少率が18.7％という実績である。職員数をみると、合併前の２市合計が1,296人（平成６年10月）、合併後６年を経たひたちなか市の職員数が1,208人と88人の減少となっている。合併後６年して88人の減というのは、むしろ行政改革による業務の合理化などによるものであろう。実際に、部・課・係の統廃合の状況を見ると、合併前の両市合計で20部84課193係であったのが、合併後５年を経た1999年10月現在で13部73課

138係となっており、実に7部11課55係の削減を行っている。このように、合併が即職員数の削減（人件費の削減）をもたらすという発想よりも、管理部門効率化で行政基盤を強化できるというメリットに注目すべきではないか。また、合併により特例市や中核市などに昇格するような場合には、事務の種類・範囲が増えることになるから、職員数の減などなかなか難しい。

この点は、1995年9月に秋川市と五日市町が合併してできた「あきる野市（人口7万6千人（当時））」の合併前後の職員数と人件費とを見るとはっきりする。図表8-1では、合併後、職員数は少し増加しており、以後減少している。この減少についても合併による効率化というよりも内部努力によるものも大きいのではないか。

図表8-1　職員数（一般職）と人件費
（単位：人、百万円）

	94	94	94	95	96	97	98
	秋川市	五日市町	左合計	あきるの市			
職員数	355	177	532	539	535	533	527
人件費	2,858	1,417	4,275	4,546	4,731	4,728	4,792

出所）三橋良士明・自治体問題研究所編『ちょっと待て市町村合併』（自治体研究社、2000年）から作成

■三役・議員の総数削減■

管理部門の効率化に比べて、三役・議員の総数削減の方は、合併による費用削減要因として、はっきりとあらわれる。首長、助役、出納長は重複してはいつまでも存在できないし、議員については地方自治法上の定数が住民数によって決められているからである（図表8-2）。

先のひたちなか市の例では、合併前には両市を合わせて52人だった議員が、合併後30人となっている。議会費については、統合の結果、合併前の2市合計決算額5億2千万円から、平成10年決算額では4億2百万円と22.8％という大幅な減少である。

議員定数の削減については、財政効率化だけでなく、住民の声の代表者という視点から考えるとどうだろうか。合併の当初は現在のままであるが、当然最初の選挙では人口による新しい議員定数になる。また、選挙の結果によって、合併前の議員の比率がそのまま残るとは限らないだろう。あきる野市の例でも、合併後最初の選挙で、18名いた五日市地域の議員は9名しか当選できなかった。人口数から見ると、26名中の9名というのは当然の結果かもしれないが、住民の声を反映する人間が半分になったというのが、住民側の正直な印象ではないだろうか。

図表8-2　市町村議会の議員定数
（地方自治法第91条）

人口	議員定数
2000人未満の町村	12人
2000人以上5000人未満の町村	16人
5000人以上1万人未満の町村	22人
1万人以上2万人未満の町村	26人
2万人以上の町村及び5万人未満の市	30人
5万人以上15万人未満の市	36人
15万人以上20万人未満の市	40人
20万人以上30万人未満の市	44人
30万人以上の市	48人

・30万人以上50万人未満の市：10万人について議員4人を加える。
・50万人以上の市：20万人について議員4人を加える。ただし、議員100人が限度。

■重複投資を避けることによる投資的経費の節減■

　無駄なハコモノ建設の例としてよく引き合いに出されるのが、隣同士の市町村で、用途のまったく同じ施設を近接して建設する場合である。それが、文化施設などになると、建設経費もさることながら、後の維持管理経費も2施設分だから、そのロスは大きい。また、個々の市町村で別々に似たような文化施設を所有しているよりも、共同して大規模な文化施設を所有する方がよいということもある。規模が大きければ演劇や音楽の催しで豪華な顔ぶれを期待することができるからである。では、投資からみた市町村合併のメリットは何だろうか。それは、総合的に合併市町村の要求を調整しながら投資を重点的に進めることができるという点である。

　茨城県が行った「伊奈町（人口2万5千人）・谷和原村（人口1万5千人）合併シミュレーション」によると、2町村の公共施設の立地状況を整理する場合、伊奈町にあって谷和原村にない図書館・体育館などが谷和原村でも使えるようになるほか、1施設でよいと考えられる文化ホールなどについては、別々につくらなくてもすむようになる（図表8-3）。

図表8-3　主な公共施設の立地状況（1999年3月31日現在）

	文化ホール等	図書館	体育館	野球場	プール	保健センター
伊奈町	0	1	2	2	0	1
谷和原村	0	0	0	1	0	0

出所）茨城県地方課広域行政推進室『伊奈町・谷和原村合併ケーススタディ報告書』

2 市町村合併による住民負担の軽減

■「サービス水準は高い方に、料金は低い方に」の難しさ■

　隣同士の市町村でも、公共施設の利用料に差があることが往々にしてある。利用料だけにとどまらず、開館時間や年間の利用可能日数など、サービスの提供が違うこともある。それぞれの市町村のサービス水準は、市町村ごとに自らの財政状況や住民の要望などから優先順位を決めているからである。

　だが、合併するとなると、どうだろうか。合併したら利用料金が高くなる、あるいはサービス水準が下げられるなどとなっては、住民の賛同は得がたくなる。

　そこで、「公共サービスの水準は高い方に、利用料金は低い方に合わせる」というのが、合併にあたっての合意となることが多い。ここで留意すべきは、目前の合併のために「サービス水準は高い方に、料金は低い方に」合意して、後に住民負担の増大としてはね返ることのないようにしなくてはならない、ということである。

■あきる野市の合併協定項目■

　あきる野市の合併協定項目を見てみたい。

　地方自治法に基づく合併協議会が設立されると、22の合併協定項目が審議されていった。これらの項目には、「合併の方式」に始まり、「新市の名称」などが挙げられている。住民サービスや負担に関する項目は以下のとおりである。

　・地方税の取扱い
　・使用料、手数料等の取扱い
　・補助金、交付金等の取扱い
　・国民健康保険事業の取扱い

　これらの項目に対して、協議会の調整方針は、以下のとおりであった。

　・新市の速やかな一体性の確保に努める
　・住民サービスの向上に努める
　・<u>原則として住民福祉は、高い基準に調整する</u>
　・<u>住民負担は、低い基準に調整する</u>
　・負担公平の原則に立ち、行政格差を生じないように努める

・新市における健全財政の確保に努める

■行財政改革と住民負担■

　使用料・手数料は、民間企業であれば商品やサービスの価格である。価格を決定する時に考慮するのは、商品やサービスの「原価」を回収して、なおかつ利益があがるというラインである。もちろん、戦略的に価格破壊をする場合は別であるが・・・。一方、公共サービスでは、「公共性」の観点から、できる限り使用料・手数料を下げて住民全般が利用できるように低く設定している。原価をもとにした水準と現実の設定水準との差は、税金で埋めているというわけである。

　ここで検討すべきことが2つ出てくる。

　第1には、「受益と負担との関係」である。使用料・手数料の場合には、住民全般を対象とはしているものの、実際にサービスを受けるのは、自ら必要があって自らの意志で窓口を訪れる人たちである。この場合には、実際の受益に対して、それに見合う負担をするのが社会のルールであるといえる。一方で、「公共性」の観点から料金を下げることもあれば、住民の税金でつくった施設の使用について、その自治体の住民と他自治体の住民とで使用料に差をつけることもある。これらの差額は税金で穴埋めされる。

　第2の点は、この税金による穴埋めの程度の問題である。税金で補てんできる限度について、未曾有の財政危機に見舞われている現実では、どの程度まで正当化できるだろうか。財政危機が深刻になればなるほど、この差額が問題視されるようになる。事実、行政改革によって、使用料・手数料の値上げに踏み切る自治体は多い。

　そのような場合に、合併のメリットがない、あるいは話が違うというのは早計である。むしろ、合併による行財政の効率化を凌駕するほどの財政危機の現状であり、行財政改革が喫緊の課題なのだという認識が必要なのではないだろうか。もちろん、行政側としては、「事務が効率的に行われているか、効果的に財源の配分をしているか、これまでの行財政改革の成果はどうなっているのか」などの情報を余すところなく提供したうえで、住民に財政負担の理解を求めるという姿勢が必要になってくる。

3 市町村合併による行財政基盤の強化

■行財政基盤の強化をもたらす3つの視点■

　市町村合併がもたらす財政的影響には、財政効率化だけではなく、行財政基盤が強化されることも大きなメリットとして挙げられる。なぜなら、行財政基盤が強化されることで財政状況が好転したり住民サービスの高度化・専門化に対応できるようになったりするからである。具体的には、①投資効果の拡大、②投資拡大と人口増による地方税の増収、③専任組織・専任職員の設置によるサービスの質の向上といった3点になる。

■投資効果の拡大■

　ある地域が一体性を持っていて、なおかつ、その地域の中で財政力などの格差がある場合には、合併による「投資効果の拡大」が期待できよう。実例に基づいて説明したい。

　茨城県鹿島町と大野村が合併して1995年9月に鹿嶋市（当時人口6万1千人）が誕生した。この合併は、「鹿島開発」の投資効果を周辺町村へ波及させるための一手であった。この地域は、1960年代に始まった鹿島地域の開発により大工場が進出したものの、商店街の育成などのまちづくりが進まず、若者定住という課題を残していた。対策として、Jリーグの鹿島アントラーズの誕生に地元3町（旧鹿島町、神栖町、波崎町）が取り組んで成功し、効果を上げることができた。一方で、旧鹿島町に隣接する旧大野村では、鹿島町に比べて地価が安かったことから宅地開発が進んで、鹿島地域に勤める人々が転入してきて、学校や道路などの生活基盤を緊急に整備する必要が生じた。しかし、鹿島町と異なり、企業などからの税収が望めなかったため、両町村の財政力の格差が大きくなっていった（財政力指数：鹿島町1.34、大野村0.39）。こうして企業群の存在する鹿島町とその勤労者たちの居住地域である大野村との一体的な整備、すなわち鹿島開発の効果を周辺の大野村に波及させる必要性から合併が検討されたのである。

　こうした「一体的な整備」による事業効果の拡大

財政力指数

標準的な収入額である基準財政収入額を分子に、標準的な支出額である基準財政需要額を分母に計算した数値。この数値が1に近い団体ほど、財源に余裕のある団体ということになり、1を超えると地方交付税をもらわない「不交付団体」になる。

は、小規模市町村の生活基盤整備に威力を発揮する。たとえば、公共下水道の整備や国道・県道への取り付け道路建設、港湾整備が単独市町村で困難な場合では、一体的な整備に期待するほかはない。

次に、合併による重点投資について考えてみたい。

後に詳しく説明するが、合併をすると地方交付税や特例的な地方債（合併特例債）を通して様々な財政支援を受けることができる。合併特例債の対象となる経費としては、ソフト・ハードともいろいろなメニューがあるが、投資という観点からハード事業に絞って見ると、「合併市町村の一体性の速やかな確立を図るため又は均衡ある発展に資するために行う公共的施設の整備事業」が挙げられている。具体的には、運動公園や文化ホールなどから旧市町村間の道路、橋りょう、トンネルなどがある。これらの施設整備は、合併前の市町村の財政規模では不可能だったものを整備して、住民の生活水準向上をはかろうとする重点投資と考えられる。こうした重点投資を合併を機会に進めようという考え方は、住民の合併に対する理解を得るには必要なものである。しかし、一方で、重点投資の対象地域から外れた所のあり方も考えておく必要がある。1施設ならばともかく、開発計画などになると、開発が1点に集中できる分、それ以外の地域が寂れるのではないかという懸念に答えうる市町村建設計画を示すことが必要である。

また、合併を予定している市町村（圏域）の公共施設整備状況を把握して、バランスの取れた整備をはかるという点についても、留意しなければならない。

図表8-4は、三重県員弁圏域の北勢町、員弁町、大安町、東員町、藤原町の5町の合併を想定した場合に、総人口（7万2千人）と産業部門別人口比から最も近い団体を「類似団体別市町村財政指数表」から選別して（類似団体という）財政構造などを比較したものである。

> **類似団体**
>
> 総務省が毎年度作成する「都道府県財政指数表」と「類似団体別市町村財政指数表」を基にして、都道府県では財政力指数により全体を6グループに分類し、市町村では、人口と産業構造の2要素の組合せによって都市を30の類型に、町村を42の類型に分類した類型別団体。

第8章 市町村合併の財政的影響

図表8-4 員弁圏域と類似団体(都市類型)の公共施設整備状況比較

項　　目	類似団体	圏　域
道路改良率	56.7%	46.7%
道路舗装率	77.4%	81.2%
都市計画区域内1人当たり都市公園等面積	7.8㎡	3.0㎡
し尿衛生処理率	96.4%	42.2%
上水道等普及率	99.3%	99.6%
下水道等普及率	43.5%	25.6%
公私立幼稚園保育所施設充足率	129.0%	150.4%
会館等収容定数	21.0人	20.7人
体育館面積	97.4㎡	196.4㎡
図書館蔵書数	2,602.3冊	2,178.0冊
病院・診療所病床数	14.6床	18.2床

注) 表中の整備状況の数値は各町の財政資料に基づく
出所) 員弁地区広域行政調査研究会『広域行政の推進に向けて－平成9年度　員弁地区広域行政調査報告書』1998年

　これによると、特に下水道整備率とし尿処理率において圏域の遅れがみられる。また、文化ホールやグラウンドなどのスポーツ施設の整備は進んでいるが、医療・福祉施設等の整備が遅れている。このように遅れている部門については、市町村合併によって市制が敷かれ広域的な整備が進められることで、一体的に総合的に整備が進んでいくのではないだろうか。

■投資拡大と人口増による地方税の増収■

　投資の拡大を行って必要な生活基盤が整備されてくることで、鹿嶋市の事例が示すように、人口の流入・増加が促進される。また、道路整備などを積極的に進めていくことで、企業誘致も有利に展開

する。こうした合併による可能性が惹き起こす財政上の効果を考えると、まず地方税の増収が挙げられる。

ひたちなか市の事例によりこれを見てみたい（図表8-5）。

図表8-5　ひたちなか市の財政関連指標

区分		平成5年度決算額	平成10年度決算額	増　減
地　方　税 （千円）	勝田市 那珂湊市 計	16,106,064 3,202,698 19,307,762	20,930,641	1,622,879
財政力指数	勝田市 那珂湊市 計	0.958 0.523 0.840	0.872	0.032
経常収支比率（％）	勝田市 那珂湊市 計	74.8 81.3 76.3	82.6	6.3
地方債残高 （千円）	勝田市 那珂湊市 計	27,583,710 5,736,209 33,319,919	47,546,995	14,227,076
公債費比率（％）	勝田市 那珂湊市 計	14.5 9.9 13.4	14.9	1.5

出所）岩崎美紀子編著『市町村の規模と能力』（ぎょうせい、2000年）p.98から作成

　ひたちなか市の人口は、合併直後の14万7,700人から4年間で15万2,000人と約5千人増加している。1993年当時から1998年にかけて景気が下降基調であったこと、同年には特別減税が行われたことなどを考えると、地方税の決算額が純増している点は評価されるべきであろう。ただ、その他の財政指標について合併による効果を測ることは難しく、また、必ずしも意義のあることではない。というのも、1997年の補正予算、1998年の度重なる経済対策により地方債発行額は激増して、その結果、公債費の増加、経常収支比率の圧迫などの結果が出てきているからである。

　次に、つくば市について見てみよう（図表8-6）。つくば市は1987年に5町村が合併してできている。

図表8-6 つくば市の財政関連指標

	昭和62年度	平成10年度	増　　減
地方税	14,642（44.6）	29,168（56.6）	14,526百万円
財政力指数	0.78	0.99	0.21
経常収支比率	70.4	79.6	9.2%
公債費比率	8.6	9.6	1.0%

注）地方税の後の（　）内の数値は、歳入に占める地方税の割合である。
出所）三橋良士明・自治体問題研究所編『ちょっと待て市町村合併』p．70〜71から作成

　つくば市の場合は、合併直後の人口が13万7千人であったのが、10年間で16万人と17％近く上昇した。地方税収の増加率を見てみると、約2倍になっている。これは、研究学園地区への大型店舗や民間企業などの集中や周辺市町村からの集客効果がおおいにあったといえる。これらの企業集積とバブル景気による大幅な税収増の結果、財政力指数は年々向上して、1994年度から1996年度まで、不交付団体となっている。つくば市の場合、研究学園都市への企業集積（人口増）による税収への効果は大きかったというべきである。

■ 行政サービスの高度化・専門化への対応 ■

　最後に、専任組織や専任職員の設置などにより、高度化・専門化への対応が可能になるというメリットについて見てみたい。
　合併によって人口規模が大きくなるとともに職員数が増えて、なおかつ合理化によって生じた管理部門職員の余剰分を専門職や専門組織の設置に振り向けるということが可能になる。このことによる住民サービスの向上は自明である。
　以上、現状での専門性について見てきたが、合併により市制に移行した場合、直接執行できるようになる事務領域が増えることも見落とせない。その事務領域を列挙すると次のようになるが、これをみると福祉関係の事務が多い。

【市制施行により直接執行できる事務領域】
　・福祉事務所の設置
　・社会福祉主事を置くことによる生活保護等の事務の処理
　・精神薄弱者援護施設への入所等の措置
　・妊産婦等の助産施設または母子寮への入所等への措置

・障害児福祉手当および特別障害者手当ての受給資格の認定
・都道府県知事が行う小売市場の許可についての協議
・商工会議所の設置（任意）　　　　　　　　　　　など

4 市町村合併の財政的影響

さて、市町村合併が財政に及ぼす影響をどのように考えればよいだろうか。まず、合併のシミュレーションに基づいて、具体例を挙げながら考えてみたい。

■ 員弁地区の合併シミュレーション（類似団体によるもの）■

三重県員弁地区（現在5町、総人口7万2千人）のシミュレーションは、「類似団体」との比較という手法で行っている。

【歳出規模の比較】

類似団体の歳出規模は211億4千万円であり、これは圏域5町の平均歳出規模（50.0億円）の4.2倍に相当する。このような場合、第2章で述べたような「規模の経済」が期待できる。

図表8-7に基づいて、住民1人当たりの歳出額をみると、圏域5町の合計に比べて類似団体では歳出総額でマイナス8.6％となっており、効率的になっている。経費別に見ると、物件費や維持補修費などのランニング・コストで効率化が見られる。目的別にみると、議会費や総務費などの管理部門での効率化が大きい。一方で、類似団体は市であるため、合併により市制に移行した場合のシミュレーションにもなっており、都市的な経費が増加することがわかる。社会保障分野の経費である扶助費がその例であり、目的別では、民生費、衛生費、労働費、商工費、教育費などが該当する。

【歳入規模の比較】

類似団体の歳入規模は218億1千万円、圏域の歳入規模は260億9千万円であり、合併により1割程度歳入が圧縮されることになる。合併で市制移行することによる変動が歳出項目にはあったが、歳入では項目に大きな差はない。この「1割圧縮」に影響を与えているのは、地方交付税の大幅な減額である。もともと地方交付税には、基準財政需要額の算定に際して、「人口規模による規模の経済」を算入する「段階補正」という係数などがあるためである。これに対して、基準財政収入額は各町の合算額と合併後でも大きな変化はな

第 8 章 市町村合併の財政的影響

いことから、基準財政需要額の減額分だけ地方交付税が減ることになる。

図表8-7　圏域と類似団体の１人当たり歳出額の比較（1996年度）

性質別　　　　　　　　　　　　　　　　　　　　　　　　（単位：円、％）

歳出区分	類似団体	圏　域	変化率
人件費	72,406	65,406	10.7
扶助費	28,293	8,386	237.4
公債費	28,809	32,335	−10.9
小計	129,508	106,127	22.0
物件費	34,674	46,342	−25.2
維持補修費	2,673	7,205	−62.9
補助費等	28,186	39,393	−28.4
繰出金	22,443	43,083	−49.7
普通建設事業費	78,497	80,345	−2.3
その他			
歳出合計	316,870	346,643	−8.6

目的別　　　　　　　　　　　　　　　　　　　　　　　　（単位：円、％）

歳出区分	類似団体	圏　域	変化率
議会費	4,222	5,613	−24.8
総務費	43,822	62,894	−30.3
民政費	63,429	56,328	12.6
衛生費	30,473	24,445	24.7
労働費	3,632	103	3424.2
農林水産業費	9,440	30,373	−68.9
商工費	7,721	2,801	175.7
土木費	69,357	79,469	−12.7
消防費	12,740	13,224	−3.7
教育費	41,883	38,985	7.4
災害復旧費	523	63	730.2
公債費	28,810	32,335	−10.9
諸支出金	818	0	−
前年度繰上充用金	0	0	0
歳出合計	316,870	346,633	−8.6

出所）図表8-4と同じ。p.84から作成

基準財政需要額

各団体が合理的に、妥当な水準の行政を行ったり、施設を維持したりするための経費のうち、一般財源部分を、各行政項目ごとに次の式で計算したもので、普通交付税の算定基礎となる。基準財政需要額＝単位費用×測定単位の数値×補正係数

基準財政収入額

標準的な状態において見込まれる税収入を一定の方法によって算出した額で、普通交付税の算定に用いる。税収を完全に捕捉してしまわずに、地域の特性に基づいた施策を展開できるように、標準的に見込まれる額の80％または75％までを算入する。

第3部 市町村合併の実際を見る

　　地方交付税が規模の経済によって減ることを簡単に説明すると次のとおりになる。図表8-9は「段階補正」の影響を示しているが、人口10万人の団体における社会福祉経費は総額で6億8千万円である。しかし、人口規模が4倍の40万人の団体における経費は、単純計算して4倍の27億2千万円にはならずに23億4千万円となっているのである。

図表8-8　圏域と類似団体の1人当たり歳入額の比較（1996年度）

（単位：百円、％）

区　分	類似団体	圏　域	変化率
地方税	138,853	141,861	−2.1
地方譲与税	7,310	9,669	−24.4
地方交付税	40,223	78,153	−48.5
国庫支出金	26,249	9,757	169.0
都道府県支出金	16,169	18,342	−11.7
地方債	40,249	24,839	64.6
歳入合計	326,917	365,530	−10.6

出所）図表8-4と同じ。p.86

図表8-9　人口団体ごとの財政需要額

（単位：千円）

人口段階　　細目	4,000人	8,000人	12,000人	20,000人	30,000人	100,000人（標準団体）	250,000人	400,000人	1,000,000人	2,000,000人
1.給与費	19,668	28,494	37,316	51,608	70,684	225,771	418,942	572,530	1,082,211	1,748,084
2.追加財政需要類	529	766	1,004	1,388	1,899	6,065	11,249	15,376	29,045	46,924
3.給与改善類	98	142	187	258	353	1,127	2,091	2,858	5,399	8,722
4.その他の経費	26,933	46,919	65,522	108,590	158,072	450,365	1,104,035	1,745,797	4,289,686	8,506,114
合　計	47,228	76,321	104,029	161,844	231,008	683,328	1,536,317	2,336,561	5,406,341	10,309,844
単位当たり費用(円)Z	11,807	9,540	8,669	8,092	7,700	6,830	6,145	5,841	5,406	5,155
Z／単位費用	1.729	1.397	1.269	1.185	1.127	1.000	0.900	0.855	0.972	0.755

出所）地方交付税制度研究会編『平成13年度地方交付税のあらまし』（財地方財務協会、2001年）p.40

第8章 市町村合併の財政的影響

　地方交付税制度からすれば、合併によって交付税額は減ることになるが、それでは、合併後の一時的な事務の増大（自治体名称の変更による掲示・印刷物の変更等）に対処できなくなる。そこで、次の項で示すように、合併後も各自治体がそれまで受けていた地方交付税の合算額を一定期間（10年間同額、その後5年間で漸次減額）保障するようになっている。

■ 伊奈町・谷和原村のシミュレーション（財政フレームによるもの）■

　次に、個々の自治体の財政見込から合併による影響を測定した例を見てみたい。

　先に取り上げた伊奈町・谷和原村の合併シミュレーションによる財政状況の計算は次のとおりである。まず、両町村の現在の財政資料からそれぞれの将来の財政計画を推計する。次に合併した場合のコスト、重点事業等の事業費、補助費等を想定したうえで合併後の財政フレームを作成している。それぞれについて、具体的には次のとおりである。

　合併時の必要経費としては、合併による各種看板、議事堂改修、電算システム変更などの経費8億円を計上する。また、合併に伴う重点事業として、駅前整備事業（23億円）、総合病院・福祉施設等の整備事業（37億円）、公共施設の予約システム等地域情報化事業（2.3億円）を想定している。また、合併により削減できる経費として、三役、議員、一般職員などの人件費削減が1億8千万円〜2億8百万円、管理部門経費の削減が2億円〜2億4千万円である。歳入については、合併による開発効果として計算されているのは地方税が増加、合併直後の経費増に対する地方交付税措置が3億円、また、重点事業の財源としては合併特例債（後述）を充てることとしている。

交付税措置

自治体が行う事業の経費について、地方交付税の算定項目に算入されて財源の手当がなされること。実務的には、事業を行うかどうかに関わらず、全国一律に手当される場合と、実際に自治体が事業を行うことで地方交付税の増額をはかる場合とがある。

■ひたちなか市の財政状況比較（実際の合併事例）■

では、実際に合併した事例では、財政状況はどのようになっているだろうか。図表8-10は、合併前年度の勝田市・那珂湊市両市の歳出合算額と合併後5年を経たひたちなか市の決算額との比較である。議会費と総務費の減少が著しく、民生費や教育費では増加をしており、総額では5年間で0.2%の微増である。地方自治体全体の歳出総額でみると、1993年度は93兆763億円、1998年度は100兆1,970億円であり、総額伸び率は7.7%であるから、ひたちなか市の場合、全国平均をかなり下回る伸びであることがわかる。

図表8-10　合併前合算額と合併後のひたちなか市の財政状況比較
（単位：千円、％）

区　分	平成5年度決算額	平成10年度決算額	増　減　額	伸　率
議　会　費	521,620	402,474	△119,146	△22.8
総　務　費	5,784,855	4,703,356	△1,081,499	△18.7
民　生　費	5,609,456	7,512,995	1,903,539	33.9
衛　生　費	5,561,967	3,518,804	△2,043,163	△36.7
労　働　費	231,506	316,049	84,543	36.5
農林水産業費	1,023,347	1,214,235	190,888	18.7
商　工　費	898,953	970,599	71,646	8.0
土　木　費	10,350,117	9,897,008	△453,109	△4.4
消　防　費	1,565,998	1,671,861	105,863	6.8
教　育　費	4,724,785	5,458,781	733,996	15.5
災害復旧費		104,065	104,065	皆増
公　債　費	4,424,395	4,993,879	569,484	12.9
計	40,696,999	40,764,106	67,107	0.2

出所）岩崎美紀子編著『市町村の規模と能力』（ぎょうせい、2000年）p.98

5 市町村合併のための国等による財政支援措置

これまでに述べたように、市町村合併をすることにより、規模の経済が働いて経費が節減できる。しかし、実際には、合併直後から歳出は減らない。むしろ、電算システムの変更などの合併所要経費や重点投資・新庁舎建設などの費用が生ずるため増加する可能性が高い。一方で、歳入面で、地方交付税は規模の経済を考慮する仕組みになっているため減少する。合併すると歳入が減って歳出が増えるとなれば合併に対する機運をそぐことになる。そこで、国・都道府県では、地方交付税や地方債、補助金を通して、合併することで財政上の不利がないように、また、十分な投資が行えるように、財政上の支援措置を設けている。

■地方交付税による財政措置■

地方交付税を通じた合併支援措置には、主なものとして「合併算定替」と「合併補正」とがある。

①合併算定替

合併算定替というのは、先に述べたように、地方交付税が減少するという不利を被らないように、一定期間、合併市町村の合算額を合併後も保障するものである。1999年度の改正により、10年間は合算額が保障されて、以後、5年間をかけて合併後の本来の額に段階的に減額していく（図表8-11）。

図表8-11 合併算定替の仕組み

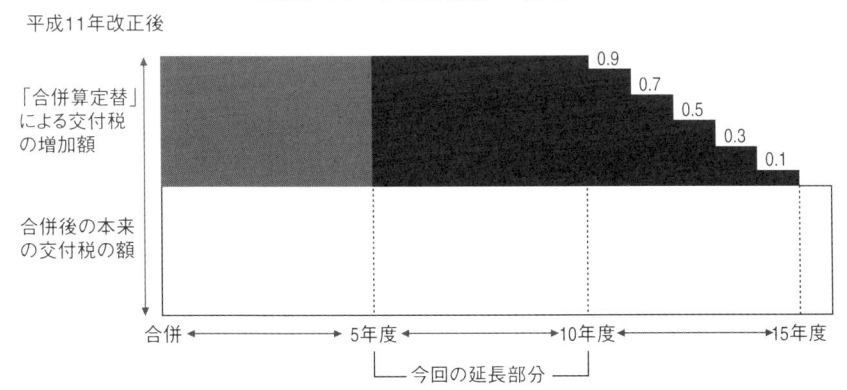

平成11年改正後

「合併算定替」による交付税の増加額
合併後の本来の交付税の額

0.9　0.7　0.5　0.3　0.1

合併　5年度　10年度　15年度

今回の延長部分

出所）松本英昭『市町村合併特例法　改正のすべて』（ぎょうせい、2000年）p.23

②合併補正

合併補正とは、合併直後に必要となる行政の一体化（基本構想等の策定・改定、電算システムの統一、ネットワークの整備等）に要する経費や行政水準・住民負担水準の格差是正に要する経費について、普通交付税によって措置するものである。

③その他の地方交付税措置

この他に、合併市町村間で起債制限比率の格差があって市町村合併の障害になり得ると認められる場合には、起債制限比率の全国平均と合併関係市町村に係る起債制限比率の差に相当する公債費について、その利子相当分を対象に、市町村の財政状況に応じて、特別交付税により措置することがある。さらに、合併後の市町村が行う事業に対して都道府県が補助金・交付金等を交付する場合には、特別交付税を措置することになっている。

■ 地方債の特例による財政支援 ■

合併に際して重点投資を行ったり、新庁舎の建設をしたり、などハード面での需要が増えることが予想される。また、ハード面にとどまらず、市町村の連帯強化を図るためのソフト事業の実施も必要となってくるが、それには、基金を積み立てて対応することも考えられる。これらのハード事業や基金積立てに必要な経費を調達するために、地方財政法5条各号に規定する経費に該当しないものについても地方債をもってその財源にすることができるようになっている（充当率はおおむね95％）。また、その地方債（合併特例債）は、元利償還に係る経費を地方交付税で措置される（元利償還金の70％）。

なお合併特例債の対象となる経費には、次の3つの類型がある。

①合併市町村の一体性・均衡ある発展を目的とする施設整備

・旧市町村間の交流や連携が円滑に進むような施設の整備

　例：旧市町村間の道路、橋りょう、トンネル等

・合併後の市町村の住民相互が一体感を持つために行われる施設の整備

　例：住民が集う運動公園等

> **充当率（起債充当率）**
>
> 地方債の許可予定額を決定する場合に、事業の種類によって、その事業の地方負担額（総事業費から補助金等の特定財源を控除したもの）に一定の率をかけて算定する時の率。財政事情や現在の住民への負担を考えて、決定されている。

・合併市町村内の行政サービス水準の均衡を図るための施設の整備
　　例：介護施設が整備されていない地区における施設の整備
②合併市町村の建設を総合的かつ効果的に推進するために行う施設の整備
・類似の目的を有する公共施設の統合など
③合併市町村における地域住民の連帯の強化や地域振興等のために基金を積み立てて、その運用益で、ソフト事業を行う場合の基金積立てに要する経費。ソフト事業の例としては次のとおり。
・新市町村の一体感をつくるものとして、イベント開催、新市町村のＣＩなど
・旧市町村の地域振興として、地域の行事の展開、伝統文化の伝承等に関する事業の実施・民間団体への助成、コミュニティ活動・自治会活動への女性、商店街活性化対策など

■国庫補助金による支援措置■

　合併に向けた準備や合併に伴って市町村が実施する事業（モデル事業）には、補助金による支援が行われる。補助金には、「合併準備補助金」と「合併市町村補助金」があり、以下のとおりの内容となっている。
①合併準備補助金
・法定合併協議会（1999年度以降の設置）について、
・市町村建設計画の作成やそのための準備等に要する経費として、
・1関係市町村　×　500万円（上限）　を1回だけ補助
②合併市町村補助金
・2005年3月31日までに合併した市町村について、
・電算システムの変更や図書館貸出システムの統一などのモデル事業を実施している場合、
・図表8-12によって求められる合併関係市町村ごとの額を合算した額を
・合併成立後3ヵ年を限度として補助

図表8-12　合併市町村補助金の算定

(単位：千円)

関係市町村人口	補助額
〜　　5,000(人)	20,000
5,001〜　10,000(人)	30,000
10,001〜　50,000(人)	50,000
50,001〜100,000(人)	70,000
100,001〜　　　　(人)	100,000

　また、都道府県については、合併市町村の建設計画を達成するための事業を実施したり、必要な措置を講じたりすることが特例法で規定されているが、そのために要した経費については、特別交付税や国庫補助金を通じて国から支援されることになっている。

第9章 市町村合併の参考事例

　本章では、具体的な事例を取り上げることで、市町村合併について考えていくこととしたい。ここで取り上げる具体的な事例は、以下の5例である。

　まず、政令指定都市への移行も視野に入れた人口50万人を超える大規模な都市の合併の事例として、2001年5月1日に浦和・大宮・与野の3市による新設合併で誕生したさいたま市と、2001年1月1日に隣接する西蒲原郡黒埼町を編入合併した新潟市を、取り上げることとする。

　次いで、人口10万〜20万人程度の中規模な都市の事例として、2001年1月21日に田無市と保谷市による新設合併で誕生した西東京市を、取り上げる。

　さらに、町村同士が合併して市制を施行した事例として、2001年4月1日に潮来町が牛堀町を編入合併して市制を施行した事例を取り上げ、最後に、中山間地域の合併のモデルともなり得る、合併しても市制施行にいたらない小規模町村同士の合併の事例として、2003年4月1日の合併を想定して現在協議を進めている熊本県の中球磨5か町村の事例を、それぞれ取り上げることにする。

　以上の5例の、最近市町村合併を経験した市町村、あるいは市町村合併について検討を進めている市町村という、具体的な個別事例の概要と経緯、特徴などの整理、紹介を通して、それぞれの地域での市町村合併の検討の参考材料として提示したい。

1 さいたま市

■市の概要■

　さいたま市は、東京都心から20〜30km圏、埼玉県の中央やや南東寄りに位置している。

　人口は、合併前の浦和、大宮、与野の3市の人口を合算すると、1,023,937人（人口は2000年10月1日実施の国勢調査の速報値による。以下本章同じ）。県内最多の人口規模であるばかりでなく、全国的に見ても横浜、大阪、名古屋、札幌、神戸、京都、福岡、広島の各市に次ぐ人口規模であり、政令指定都市の北九州、仙台、千葉

の各市をも上回っている。

市内には、移転して来た国の18の機関が立地するさいたま新都心や、埼玉県庁、埼玉大学、JR東北新幹線・上越新幹線などの分岐駅である大宮駅などが点在し、北関東の行政・文化・交通の中心となっている。

■合併までの経緯■

> **さいたま市**
>
> さいたま市に限らず、合併後の新市町村名にひらがな地名を採用する例が目立つ。清新なイメージの創出などの意図もあろうが、さいたま市の場合、埼玉古墳群のある行田市への、配慮もあるようだ。

1927年に、当時の宮脇埼玉県知事が、浦和、六辻、与野、大宮、日進、三橋の各町村の合併という構想を提起して以降、この地域では、数次にわたり合併構想が提起されてきた。

1954年には、浦和、大宮、与野、土合、大久保の各市村の首長・議長による合同会議を受け、合併研究会が発足するが、その後立ち消えとなった。その後、1962年には、浦和市議会から、大宮、与野両市との合併構想が出され、また、1973年には、浦和、大宮、与野の3市長による合併の必要性についての基本合意の上に三市行政連絡協議会が設置されたが、実際には合併の動きは進まなかった。

図表9-1　さいたま市位置図

第9章 市町村合併の参考事例

　1980年になると、浦和、大宮、与野の3市と、埼玉県、上尾市、伊奈町の首長による埼玉中枢都市圏首長会議が発足し、1982年には、埼玉中枢都市圏構想（さいたまYOU And Iプラン）が策定された。この頃から、合併により政令指定都市を目指そうという機運が高まってきたが、これまでの合併構想が、基本的に、浦和、大宮、与野の3市の地域を対象としたものであったのに対し、YOU And Iプランは、上尾市、伊奈町をも含んだものであったため、以後、与野市、伊奈町をも含めた合併とするかどうか、その枠組をめぐり、議論が分かれることになった。

　1989年には、3市にまたがる旧国鉄の大宮操車場跡地（さいたま新都心）への国の機関の一部の移転が決定したが、この際に、新都心が別々の自治体にまたがることは避けるべきだとする国からの指摘を受け、この地域を一つの自治体にする旨を、埼玉県が約束したともいわれている。

　1994年、3市の市議による「政令指定都市問題等3市議員連絡協議会」が発足し、1995年には、3市の市議会でそれぞれ合併促進決議がなされ、各市役所はそれぞれ政令指定都市推進室を設置した。

　同年7月には、上尾市、伊奈町でそれぞれ出ていた住民発議による合併協議会の設置請求に関して、3市長がそれぞれ、議会に付議しない旨回答し、同月、3市の企画担当部長による「3市合併・政令指定都市推進連絡会議」が設置された。これにより、上尾市、伊奈町を含まない3市のみでの合併協議という流れがつくられたわけである。

　1997年7月、3市の市議会はそれぞれ任意の合併協議会の設置を決議した。これを受けて、8月以降3回にわたり、3市の市長・議長らにより、任意の合併協議会の規約・構成等の調整が行われ、12月、第1回浦和市・大宮市・与野市合併推進協議会（任意協議会）が開催された。任意協議会の会長には、石原信雄前内閣官房副長官が、副会長には埼玉県副知事と3市の市長が、就任した。

　1998年4月、任意協議会に、合併の方式や期日、議会の定数・任期の取扱い等を協議する第一小委員会、「新市の名称」について協議する第二小委員会、「新市の事務所の位置」について協議する第三小委員会が設置された。さらに、同

YOU And Iプラン

ヘソのない県と言われてきた埼玉県に、県の中心と言える地域を創出しようとの意図のもと、当時の畑和知事の肝いりで策定された。与野、大宮、浦和、上尾および伊奈の各市町の頭文字を取って命名。

年6月には、「政令指定都市移行に関する基本的な事項」について協議する第四小委員会も設置され、また、同年8月の第5回の任意協議会から、事務事業の一元化に関する調整方針等の協議も始められた。

1999年6月25日の第四小委員会での合意の報告を受けて、7月、第12回任意協議会で「新市成立後、新市は、上尾市・伊奈町の意向を確認の上、速やかに合併協議を行うものとし、2年以内を目標に政令指定都市意向を実現する」という合意が成立した。

2000年1月から2月にかけて、新市の名称の公募があった。全国から67,665件（8,580種類）の応募があった。同年4月、第21回任意協議会において、新市の名称は応募のあったなかから絞り込まれた「さいたま市」とすること、「新市の事務所の位置は、当分の間、現在の浦和市役所の位置とする」ことが、決定された。

また、同月、3市の市議会でそれぞれ合併協議会の設置が議決され、浦和市・大宮市・与野市合併協議会（法定協議会）がスタートした。この法定協議会でも引き続き、会長には石原信雄前内閣官房副長官が、副会長には埼玉県副知事と3市の市長が就いた。同月の第1回法定協議会では、合併の方式・期日、議員の定数及び任期の取扱い、新市の名称、新市の事務所の位置等が、議決された。

そして同年8月の第5回法定協議会で、新市建設計画が議決されるとともに、合併協定書（案）が提案され、同年9月、第6回法定協議会で、ついに合併協定調印式が行われた。

同月、3市の市議会においても合併の議決があり、これを受けて、10月、3市の市長が埼玉県知事に合併を申請した。県知事は、12月の埼玉県議会での議決を経て、2001年1月、3市の合併を決定し、総務大臣に届け出た。そして、これを受けた総務大臣の告示により、5月1日、さいたま市が誕生した。

■ さいたま市の事例からの問いかけ ■

このような経緯を見ればわかるように、さいたま市の事例においては、国・県の果たした役割が大きかった。県主導による「さいたまYOU And Iプラン」の策定が、合併の機運が高まる契機であったし、さいたま新都心への国の機関の移転に合わせて新都心の地域を1つの自治体とすることは、国に対する県の事実上の公約であった。そして、県がこの約束をした時に内閣官房副長官として国の官僚のトップにあった石原信雄氏が任意協議会さらには法定協議会の

会長に就任し、県の副知事が副会長に就任したなどの点をみても、国・県がはたした役割が推測できる。

なお、法定の合併協議会のメンバーに、議員や首長、その他の職員のみならず、外部の人を学識経験者として入れることができるようになったのは、1999年の合併特例法改正によってであった。ちょうど、3市の任意協議会の法定協議会への改編がスケジュールに上ってきた時期である。このため、国のこの法改正の意図を、3市の合併を円滑に進められるよう自治省OBでもある石原氏を引き続き会長職に就けるようにしたものと、見る向きもある。

しかし合併は、2000年5月の、さいたま新都心の街びらきには間に合わなかった。任意協議会での、「政令指定都市移行に関する基本的な事項」に関する協議などが難航したためである。3市のみで任意協議会を立ち上げたものの、「さいたまYOU And Iプラン」が合併論議の契機となったこともあり、上尾市や伊奈町も入れるべきかどうかという合併の範囲の問題が、容易に解決されなかった。この背景には、市域が北に広がることで新市の実質的な中心となることを狙う大宮市と、多くの都市機能を大宮に奪われてしまうことを警戒する浦和市との、主導権争いがあった。

こうした対立は、新市の事務所の位置や名称をめぐっても生じている。地域での内発性よりも、国・県に導かれてという側面の方が強く感じられる合併であったことが、こういう事態を招いたといえるかもしれない。すなわち共通の目的のために一緒になって地域づくりを進めていこうという動機がなく、その結果、主導権争いが前面に出てしまったのである。

こうした主導権争いの陰で、本来の主役であるはずの地域住民にとって、何のための合併であるのか、合併で何が変わるのかといった情報は必ずしも十分には浸透しなかった。また、住民の意思を反映する機会も十分とはいえなかった。今後、合併を検討していく市町村にとっては、こうした部分は、反面教師になるだろう。

なお、3市合併後の2001年7月29日に行われた住民投票を踏まえ、上尾市がさいたま市に合併をしない意向を伝えたため、政令指定都市移行時の市域は、現在の市域ということで決着した。

住民投票（上尾市）

商工関係者を中心に合併を望む声も強かったが、市長が合併反対の意思を鮮明にしたなかで行われた住民投票で、合併反対の選択が示された。行政の中立性が保たれていなかったと問題視する向きも多い。

2 新潟市

■市の概要■

　新潟市は、新潟県の中央やや北より、日本海に面し佐渡島に対峙している。21世紀最初の市町村合併となった2001年1月1日の西蒲原郡黒埼町の編入合併を経て、今日の市域となった。

　人口は、合併前の両市町の人口を合算すると、527,271人。金沢、富山、秋田などの各市をも上回る、日本海側で最大の人口規模を持つ市である。

　古くから信濃川河口の港町として栄えてきた同市には、今日、河口の新潟西港のほかに、工業港として新たに砂丘地帯を掘削してつくられた掘り込み港である新潟東港や、上越新幹線や信越本線の終着駅であるJR新潟駅、北陸自動車道や磐越自動車道のインターチェンジなども位置しており、同市は、日本海側の一大交通拠点となっている。こうした立地を活かし、環日本海時代における、経済活動、物流・交流、情報・文化発信などの拠点としての役割が期待されている。

図表9-2　新潟市位置図

第9章 市町村合併の参考事例

■合併までの経緯■

　1989年2月の黒埼町長選で、新潟市との合併に関する住民アンケートの実施を公約に掲げた候補者が当選したことが、合併の直接の契機となった。また、同年12月には、新潟商工会議所が、新潟市は周辺市町村との合併により政令指定都市となることを目指すべきだとして、新潟百万都市構想を提言しており、この頃から、合併を検討する機運が形成されていった。

　1991年10月、黒埼町において、新潟市との合併に関するアンケートが実施された。このアンケートで、賛成もしくはどちらかといえば賛成と答えた人は合計で67.8％と、3分の2を超えた。

　アンケートの結果も踏まえ、1992年から、両市町間での合併問題についての勉強会が始まった。1993年4月には、両市町それぞれに合併に関する庁内組織が設置され、同年末には、両市町の議会でそれぞれ合併推進の陳情が採択された。1995年になると、新潟市・黒埼町合併問題協議会（任意協議会）が設置された。同年2月以降、協議会は計6回も開催され、精力的な検討が始まった。しかし、1996年11月の第7回の任意協議会まで約1年のブランクが生じ、さらにその後、任意協議会は、約2年間、開催されなかった。

　この間、1997年2月に、黒埼町長が交代した。そして新町長は5月、新潟市長と会談し、慎重に合意形成をはかりながら合併推進をはかることなどを合意している。

　1999年2月、第9回の任意協議会において、250項目におよぶ行政制度や、114項目におよぶまちづくり計画などについて、最終的な合意に達した。これを受けて、同年12月、両市町の議会で、合併協議会（法定協議会）の設置が可決された。

　2000年にはいると、1月に第1回新潟市・黒埼町合併協議会（法定協議会）が催され、2月には、第2回の法定協議会で合併協定書への調印が行われた。

　同年3月、新潟市と黒埼町の議会が合併の議決をし、それに基づいて、両市町の長が、新潟県知事に合併を申請した。県知事は、7月の新潟県議会での議決を経て、8月、両市町の合併を決定し、自治大臣に届け出た。これを受けた自治大臣の告示により、2001年1月1日、黒埼町は新潟市に編入された。

■新潟市の事例からの問いかけ■

　　　　　新潟市による黒埼町の編入合併の直接の契機は、新潟市との合併に関する住民アンケートの実施を公約に掲げた黒埼町長の当選であった。公約どおりにアンケートが実施され、町民の意向が明確になったことで、合併の検討という方向が明らかになったわけである。

　　　市町村合併は、地域住民の生活に大きな影響を及ぼす問題であることはいうまでもない。しかしそれと同時に、あるいはそれ以上に、首長や議員にとっては、自らの生活に直結する問題である。このため、首長や議員が合併に向けてのリーダーシップを発揮せず、その結果、合併の検討が進まないという地域もまま見られる。だが、首長や議員には、自らの利益ではなく地域の将来を考えてリーダーシップを発揮するという政治姿勢が求められる。

　　　さて、新潟市と黒埼町の合併協議は、黒埼町長の交代の前後、いったん中断されていたが、結局、黒埼町は、新潟市に編入合併される道を選んだ。いったい、なぜであろうか。首長や議員のリーダーシップのみならず、新潟市と黒埼町との一体性の強さや、そこから生じた合併に向けた住民の機運や民間団体の取り組みがあったことなどが、その理由として挙げられよう。

　　　黒埼町民の通勤先の44.7％、通学先の68.0％、そして買い物先の59.4％が新潟市であり、黒埼町は新潟市周辺の市町村のなかでも、新潟市との特に強い一体性を有していた。この一体感が、先のアンケートで見たような、3分の2以上の町民が合併に賛意を示すという状況を形づくったとみることができる。こうした下地のうえに、政令指定都市実現に関するアンケートをしている新潟商工会議所などのような民間団体の活動が、産み出されたと考えられる。

　　　また、新潟市など8市町村で構成される新潟都市圏総合整備推進協議会でも、新潟都市圏の目指す将来像について、「田園型政令指定都市」を目指すべきだと提案している。このような、機運の醸成のうえにはじめて、合併は実現したのである。

　　　なお、一般に新設合併に比して編入合併は、事務事業など基本的に編入する側にすべて合わせればよいため、さほど調整量は多くないと見られがちであ

旧黒埼町

新潟市の南に食い込むような形で位置しており、北陸自動車道の新潟西ＩＣなどが位置する新潟の南の玄関口。合併前から、ごみ・し尿をはじめ、火葬場、消防など、多くの事務を共同で処理していた。

る。だが、それでも、新潟市と黒埼町は250項目におよぶ行政制度や、114項目におよぶまちづくり計画の調整を行っている。2005年3月の合併特例法の期限切れまでの合併を目指すのであれば、調整に要する時間を考えると、編入合併であっても残り時間は少ない。

■政令指定都市と人口■

政令指定都市は、法律上は、「政令で指定する人口五十万以上の市」となっている。だがこれは、この制度が当初は、大阪、京都、横浜、名古屋、神戸の5市のみを対象とした制度として考えられており、この条文の制定当時、5市のうち人口が最も少なかった神戸市の人口が約97万で「人口百万以上」とは書けなかったために採用された表記である。事実、この制度ができた時点で福岡市などは既に人口50万人を超えていたが、その時点では、同市の指定はほとんど検討されもしなかった。つまり条文上は人口50万でも、実際には50万という人口は、これを超えたら当然に指定されるという要件にはなっていなかったわけである。

では指定の要件はどうなっているのだろうか。1963年に、門司・小倉・八幡・戸畑・若松の5市が合併して人口100万人を超える北九州市が誕生した際に追加指定されたことから、既存の政令指定都市に匹敵する規模の都市になることが、要件とみなされている。おおむね人口100万といわれてきたが、福岡、広島、千葉の各市が人口80万人台で追加指定を受けたため、今日では、人口が早晩100万人を超えることが見込まれ、都市機能が他の政令指定都市なみに充実しているとことなどが、指定の要件とみられる。

しかし、政府の市町村合併支援本部は、2001年8月30日、合併による人口増の場合に限っては、政令指定都市化の要件を人口70万人程度にまで緩和する方針などを盛り込んだ合併支援プランを発表した。これにより、新潟都市圏総合整備推進協議会の構成市町村が合併すれば、政令指定都市への移行が可能となった[1]。

新潟市による黒埼町の編入も、政令指定都市移行へのワンステップと位置づけられ、こうした何のために合併をするかという明確な地域目標があることが、市町村合併という合意を、地域で形成しやすかった一因とも思われる。

新潟都市圏総合整備推進協議会

新潟、両津、豊栄、聖籠、亀田、黒埼、横越の3市3町1村で結成。2000年に新津、白根両市が加わり、現在は8市町村で構成される。政令指定都市問題の研究などを行っている。

3 西東京市

■市の概要■

　東京都の北西、練馬区に隣接する西東京市は、2001年1月21日、田無市と保谷市による、21世紀最初の新設合併により誕生した。

　人口は、合併前の両市の人口を合算すると、180,880人。東京都内では、八王子、町田、府中、調布の各市に次ぐ人口規模であり、小平、三鷹、日野、立川の各市を、若干上回る数字である。

　都心までの交通の便がよいことから、市域の全面積の4割以上が宅地という典型的な近郊住宅都市となっているが、1人あたりの公園面積が都内の他市に比べても低いなど、人口の急増に都市基盤整備が追いついていない面があり、良好な住環境の整備が課題となっている。

図表9-3　西東京市位置図

■合併までの経緯■

　古くは、市制・町村制施行直後の1890年に、当時の田無町と保谷村の合併が検討された記録が残っているが、1953年の町村合併促進法の施行以降は、数次にわたり、田無・保谷を含む地域の合併論議が起きている。

　1965年には、田無・保谷両町の合併による市制施行を目指して、

法定の合併協議会が設置された。しかし、同協議会は、結局合意にはいたれず、解散しており、両町は、1967年1月1日、それぞれ単独で市制を施行している。

田無・保谷両市の合併論議が再燃したのは、1990年9月、田無市長が市議会で、保谷市と合併して行政を進めていくことが理想的である旨を答弁したことによる。

1993年5月、両市の議員30名により田無・保谷合併促進議員連盟が設立され、6月には保谷市議会に合併問題に対する調査特別委員会が設置された。翌1994年6月には、田無市議会にも田無市・保谷市合併検討特別委員会を設置している。

このころから民間でも動きがあり、1995年には、田無青年会議所が、両市の合併に焦点を当てたアンケート及び「田無まちづくり市民フォーラム」を実施している。

1996年には、保谷市が独自に、市民向け啓発パンフレット「ほうや・たなしの合併Q&A」を発行している。

1997年に、両市の市長選で、両市の合併を公約に掲げる現職が、それぞれ当選したのを受けて、両市議会でも、議員提案された合併に関する決議が可決された。

1998年2月に設置された、任意の合併協議会である「田無市・保谷市合併推進協議会」では、その後、市民の自由参加によるワークショップ「21世紀フォーラム」の開催など、市民参加も得ながらまちづくり構想を取りまとめ、その集大成として「新市将来構想」を策定した。

1999年10月11日、両市議会での議決を経て、法定協議会である「田無市・保谷市合併協議会」が設置され、同協議会により、同年11月〜12月、新市名の公募が行われた。

2000年7月30日には、満18歳以上の全市民を対象とする投票方式の市民意向調査が実施された。この意向調査において、両市とも、合併への「賛成」が「反対」を上回った。また新市名については、「西東京市」が最も票を集めた。

同年8月10日、市民意向調査の結果を受けて合併協定の調印が行われ、同11日の両市議会の臨時会における合併関連議案の議決を経て、同16日、東京都知事への合併申請が行われた。同年10月4日には都議会での議決を得て、10月6日、都知事により合併が決定された。そして、都知事からの報告を受けて、11月17日、自治大臣によ

り官報に告示がなされ、2001年1月21日、「西東京市」は誕生している。

■ 西東京市の事例からの問いかけ ■

　　　合併に際して、政令指定都市に移行しようとか、中核市や特例市を目指そうとか、あるいは町村であれば市に昇格しようなどという目標を掲げ、そうした新しい体制になることで、新たなまちづくりを推進していこうとする例をしばしば見かける。

　　先に見た2つの事例も、合併を、政令指定都市に移行するための1つのプロセスとして、位置づけている。だが、西東京市の場合、こうした例とは異なり、合併しても人口180,880人と、政令指定都市はおろか、中核市や特例市の指定要件にも及ばない。そうした、わかりやすい目標を掲げられなかったために、何のための合併かという点が、伝わりにくい合併であった。

　　そうしたなかで、任意協議会である田無市・保谷市合併推進協議会および法定協議会である田無市・保谷市合併協議会が心を砕いたのは、徹底的な情報の公開・開示と、住民参加機会の拡充である。

　　情報の共有化と、プロセスへの住民参加機会の確保によって、合併問題を、地域住民が自身の課題として捉え、地域全体で検討していくことができる態勢を整え、これにより、わかりにくさを克服しようとしたわけである。

　　情報の公開・開示に関しては、任意協議会の段階から、協議会だよりを発行しているほか、ホームページを開設して、なぜ合併を検討しているのか、合併のメリット・デメリットとその対応などといった情報や、会議資料を含むさまざまな資料を提供している。会議資料や行財政現況調査の結果などは、ホームページ上で公開するほか、協議会事務局（田無市）、保谷市企画調整室、両市各図書館にも、閲覧できるように配架された。また、電子メールなどで、質問・意見なども受け付ける態勢をとり、行政の応答性の向上にも、配慮がなされた。

　　住民参加に関しては、合併までの経緯でも明らかなように、新市建設計画の素案となった将来構想の策定の際に、市民の自由参加によるワークショップ「21世紀フォーラム」での議論の成果を盛り込んだり、新市の名称を公募したり、そして、合併の是非や新市の名称を、満18歳以上の全市民を対象とする投票方式の市民意向調査を

行って、その結果を尊重するという形で決定したりしている。こうした、徹底した情報の共有化と住民参加機会の拡充という姿勢は、大いに評価されるところである。しかしながら、この過程にまったく問題がなかったかというと、そうはいえない。図表9-4は、この意向調査の調査票であるが、問1で、合併の賛否を聞きながら、問2で新市名を聞いているが、合併に反対の人はどう答えるのだろうか。住民の意思を尊重するとしながらも、合併が既定事実化してしまっている印象を与えてしまった点は、否めないだろう。

図表9-4　田無市・保谷市合併に関する市民意向調査　調査票

田無市・保谷市合併に関する市民意向調査　調査票	
【問1】 田無市・保谷市の合併について （1つだけ○）	**【問3】** 特に力を入れてほしい施策について （3つまで○）

【問1】

○	賛　　成
○	反　　対
○	どちらともいえない

【問2】
新市の名称について
（1つだけ○）

○	西　東　京　市
○	けやき野市
○	北　多　摩　市
○	ひ　ば　り　市
○	みどり野市

【問3】

○	高齢者福祉の充実 （介護・自立支援、生きがい対策など）
○	子育て支援の拡充 （保育・育児相談・一時（緊急）預かりなど）
○	障害者福祉の充実 （生活支援、就労支援、社会参加など）
○	個性を伸ばす教育の実施 （総合教育、情報化教育、学校施設などの充実）
○	生涯学習の充実 （スポーツ・文化・コミュニティ施設の充実）
○	環境対策の実施 （ごみの減量化、リサイクル運動の増強など）
○	公園・緑地の整備 （公園の整備、緑地の保全、街路樹の整備など）
○	安心して歩ける道路の整備 （駐輪の規制、歩道の整備など）
○	防災対策の充実 （防災倉庫・備蓄品の充実、防災情報の徹底など）
○	市民の市政参加の推進 （行政情報の公開、市民との対話の機会の確保など）

4 潮来市(いたこ)

■市の概要■

　茨城県の南東部、霞ヶ浦と北浦にはさまれた平地に位置する潮来市は、2001年4月1日、潮来町が西隣の牛堀町を編入合併したことによって、茨城県で21番目の市として誕生した。

　人口は、合併前の両町の人口を合算すると、31,797人。茨城県南東部の鹿行地域では、1995年にやはり編入合併により誕生した鹿嶋市に次ぐ、第2の人口規模の都市である。

　江戸時代には水運の拠点として繁栄した、豊かな水と緑に囲まれ水郷地帯であり、水郷筑波国定公園の一部にも指定されている。近年では、鹿島開発の影響も受け、着実に都市化が進んでいる。

■合併までの経緯■

　1996年7月、8月に、茨城県主催により、潮来町・牛堀町の事務打合せ会、潮来町・牛堀町の合併勉強会が、相次いで開催された。同年10月に、牛堀町長が、潮来町との合併を公約に掲げて当選し、同年12月には、茨城県地方課長を講師に招いての、潮来町と牛堀町の合同の議員研修会が催されている。

　1997年2月、両町長と潮来町議会議長が、知事に合併への支援を求めている。同年5月には、両町の担当課長・係長による打合せが行われ、6月、潮来町長から牛堀町長に、文書で正式に合併に関する事務研究会の発足が提案された。これを受けて7月、潮来・牛堀広域行政事務研究会が設置され、計7回の会合を経て、翌1998年3月に、同研究会は両町長に報告書を提出した。

　同じく1998年3月に潮来町議会に、4月には牛堀町議会にも、合併に関する調査特別委員会が設置された。この同じ4月に、潮来町・牛堀町合併検討協議会（任意協議会）も設置された。

　任意協議会は、1999年7月まで、計9回会合を重ねるとともに、この間、1998年8月には、両町で無作為抽出された町民計1,680人を対象として、住民アンケートを実施した。同アンケートは回収率45.8

鹿島開発

鹿島灘の砂丘地帯に掘り込み港を造り、鹿島臨海工業地帯を生んだ開発。「鹿島臨海工業地帯造成計画」に基づき1962年以降本格的に整備が進められ、1969年以降、金属・石油化学等の工場が立地。

％で、その回答者の61.9％が、「積極的に合併することが望ましい」もしくは「どちらかというと合併することが望ましい」という回答であった。

また、この間、1999年2月には、潮来町長が合併を公約に掲げて再選しており、3月には、両町長が、合併の進め方などについて県知事と会談している。

1999年8月に、両町議会で法定協議会設置が議決されると、両町長は、法定協議会設置の届出に先立って、再度、県知事と会談している。同年9月、第1回潮来町・牛堀町合併協議会（法定協議会）の開催と同日に、記念講演や交流会を内容とする「合併を考える町民の集い」が開催され、約120人の町民の来場が参加した。

以降、順調に協議が重ねられ、2000年7月13日の第9回の法定協議会の席上、合併協定調印式が行われ、これを受けて、7月19日には、両町議会に於いて、合併の議決が行われた。

なお、これと前後して、市制施行要件の緩和の要望を、7月10日には茨城県知事に、7月25日には自治省に対して行っている。

県知事への合併の申請は7月30日に行われ、9月の県議会での合併の議決を受けて、10月、県知事は両町の合併を決定し、自治大臣に届け出た。これを受けて12月11日、自治大臣により両町合併の告示がなされた。

だが、これに先立つ11月30日、各方面への要望が功を奏してか、第150臨時国会において合併特例法が改正が可決され、合併の場合に限り、人口3万人以上であれば市になれることとなった。これを受けて12月、急遽、当初予定されていなかった第10回の法定協議会が開かれ、市制の施行を申請することを決した。

翌2001年1月、両町議会が市制の施行を議決し、2月、県知事に対して、市制施行が申請された。3月5日、県議会でも市制施行が議決され、3月7日、総務大臣への届出がなされた。これを受けての総務大臣からの市制施行の告示は、3月26日に行われ、かろうじて4月1日の合併と同時の市制施行に間に合った形となった。

人口3万人台での市制

現在、香川県の引田・白鳥・大内の3町（東かがわ市）や、長崎県の郷ノ浦・勝本・芦辺・石田の4町、岐阜県の高富町・伊自良村・美山町などで、人口3万人台での市制施行が検討されている。

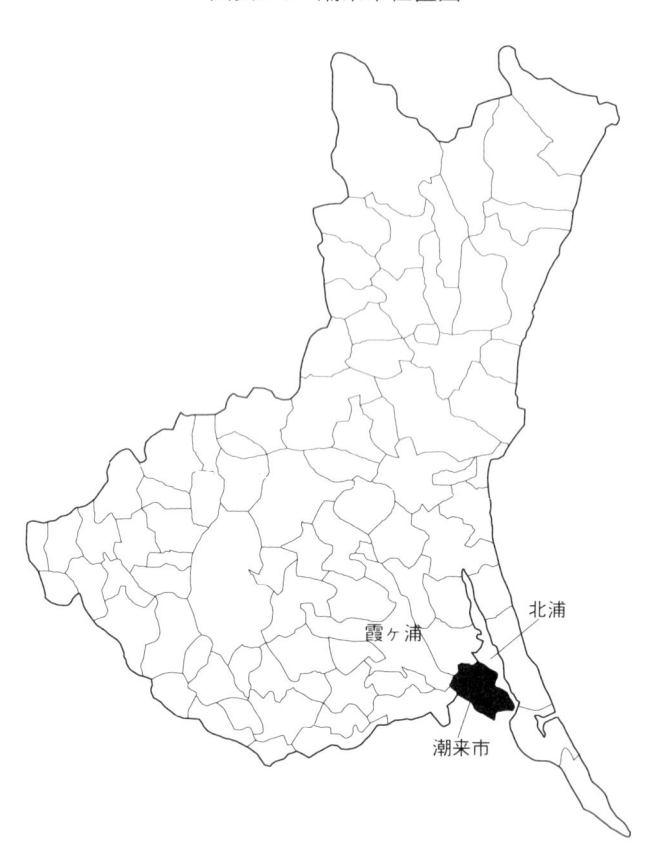

図表9-5　潮来市位置図

(地図：霞ヶ浦、北浦、潮来市)

■潮来市の事例からの問いかけ■

　潮来市の事例では、合併した両町のいずれの町長も、合併を公約に掲げて当選してきており、事務研究会の立ち上げなど、この両町長のイニシアチブによるものと見られるところから、一般に、首長主導型の合併であったといわれる。

　だが、それと同時に、合併までの経緯を見てもわかるように、この事例では市町村合併問題の研究の開始から一貫して、県との緊密な連携の下に、合併協議が進められて来ているという点も、見逃せない。

　茨城県内では、潮来市の事例は、1994年11月のひたちなか市、

1995年9月の鹿嶋市に続く、平成にはいってすでに3例目の市町村合併となる。

さらに現在、茨城県内では、法定協議会として、2002年11月1日の合併を目指して協議を進めている「つくば市及び茎崎町合併協議会」、住民発議を受けて設置される全国で初の合併協議会として1995年12月に設置された「水戸市・常北町合併協議会」、2001年4月1日に任意協議会から移行した「取手市・藤代町合併協議会」の3つが設置されている。

このほかにも、任意協議会として、2001年5月10日に設置された、「岩瀬町・真壁町・大和村・協和町町村合併推進協議会」がある。

これらのうち水戸市・常北町合併協議会は、合併協議の休止を決めているが、しかしそれ以外の協議会は、県の強い支援のもとに協議のテーブルが形づくられてきたといってよいだろう。つくば市および茎崎町合併協議会は、1988年の2月に両市町の議会に於いて設置が議決されながら、その後、一度も開かれたことがなかったが、国・県の動向も踏まえ、1999年10月に県職員も委員にくわわれるよう規約改正をして以降は、1999年11月に第1回法定協議会が開催されて以来、2001年7月までに8回の協議会が開かれている。

こうした、茨城県内の市町村合併をめぐる活発な動きは、県の積極的な姿勢に支えられているという面もあるのである。合併特例法の改正により、都道府県は、市町村合併について一定の役割をはたすことが定められた。合併問題について検討をする際には、講師派遣や情報提供、あるいは資金補助など、都道府県を有効に活用するべきであろう。

なお、潮来市の事例は、2000年の合併特例法の改正で盛り込まれた、合併の場合に限り人口3万人以上で市制を施行できるという特例の、活用第1号である。この特例は、2004年3月までの特例である。潮来の場合は、実質2年程で合併協議を終えているが、このような速やかな合併協議のために、職員は連日残業を強いられたともきく。この活用を考えている地域に残されている時間は少なく、速やかな取り組みが必要といえよう。

茨城県内での合併

1987年のつくば市、1992年の水戸市による常澄村の編入、1994年のひたちなか市、1995年の鹿島町による大野村の編入(鹿嶋市)、そして潮来市と、他県に比して、近年、突出して多い。

5 中球磨5か町村

■ 地域の概要 ■

　中球磨5か町村協議会を構成している、上村、免田町、岡原村、須恵村、深田村の5か町村は、熊本県の南部、人吉市の東、日本三大急流の一つである球磨川の中流域の盆地に位置する。

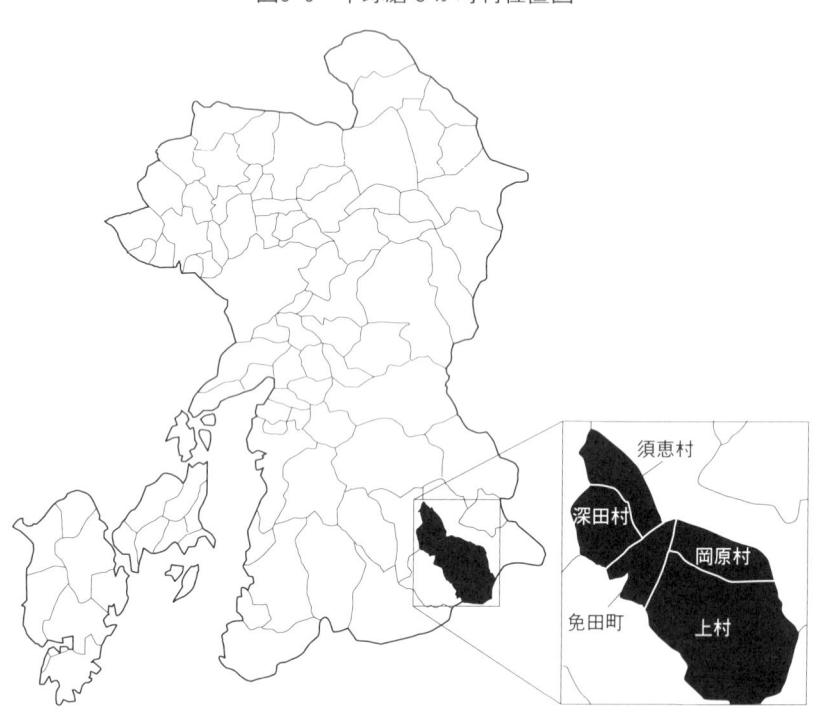

図9-6　中球磨5か町村位置図

　5か町村の人口を合算すると、17,753人。市との合併や、合併によって市制施行を目指す事例が多いなかで、合併しても町という枠組みで合併を検討している事例である。5町村とも、その中心は球磨焼酎を生み出す米と水とを産する田園地帯の広がる盆地にあって近接しており、厳密には中山間地域とは言えないかもしれない。だが人口規模の小さい町村同士の合併の事例として、また、全国で初めて地域審議会の設置を決定した事例として、参考になろう。

第9章 市町村合併の参考事例

■合併協議の経緯■

　1994年度から1995年度にかけて、熊本県が熊本県立大学総合管理学部内に設けた熊本県市町村合併調査研究委員会による調査が、県内で行われた。この調査の過程で行われた住民意向調査において、中球磨5か町村では、それぞれの町村の回答者の63～85％が、合併の必要性を認める回答をした。

　こうした状況を踏まえ、1996年3月に出された同委員会の報告書で、中球磨5か町村は、行財政効率型の合併が検討されうるモデル地域とされた。同年10月に、この報告書の内容や、地方分権への対応などについて調査・検討するため、5か町村の首長により、中球磨5か町村広域行政懇話会が設置された。

　1998年4月、中球磨5か町村広域行政懇話会での検討内容を踏まえ、さらなる調査・検討や将来ビジョンの策定などのため、5か町村の首長と議長により構成される中球磨5か町村合併問題協議会（任意協議会）が設置された。任意協議会は、同年10月～11月に、述べ20ヶ所で住民座談会を開催したほか、広報誌の全戸配布や、シンポジウムの開催（住民580名が参加）などを行った。

　1999年3月、各町村議会が、法定協議会の設置を議決し、これを受けて4月、中球磨5か町村合併協議会が設置された。この協議会には、熊本県から、市町村課長（現市町村総室長）と球磨地域振興局長が委員としてはいったほか、事務局次長として、職員が派遣されている。また、同年度、新町建設計画の参考とするために、県の支援事業として「町村合併による中山間地振興ビジョン策定に関する調査研究」が行われた。

　2000年6月の第13回法定協議会で、合併の方式を対等合併とすることを、7月の第14回法定協議会で、合併の期日は2003年4月1日とすることを、それぞれ確認した。同年8月には第15回法定協議会において、合併後、現在の各町村それぞれに地域審議会を設けることが確認された。地域審議会の設置を決めたのは、中球磨5か町村合併協議会が、全国で最初である。同年10月からは、新町建設計画に住民の声を反映させるために、各地で住民座談会を開催している。

　2001年になると、6月から新町の名称を公募するとともに、7月には、第26回法定協議会において新町建設計画が可決している。同年秋には、公募結果を踏まえた新町の名称を「あさぎり町」と決定

■ 中球磨5か町村の事例からの問いかけ ■

ここでは、中球磨5か町村合併協議会が設置を決めた、地域審議会についてみておきたい。

地域審議会は、合併後の市町村の附属機関である。通常、附属機関は個別の法律または条例によって設置されるものであるが、地域審議会は、合併特例法の定めにより、合併前に関係市町村が協議をし、これが関係市町村の議会の議決を経て成立した時にただちにその内容を告示することで、条例なしで設置できることになっている。

中球磨5か町村合併協議会は、地域審議会の委員の構成を、当該区域内に在住もしくは在勤の、①区長、②農林業団体、商工業団体に属する者、③社会教育及び学校教育の団体に属する者、④青年、女性、老人を構成員とする組織に属する者、⑤社会福祉に関係する者、⑥消防団員、⑦学識経験を有する者の中から、15名以内を町長が任命することとした。委員の任期は2年としている。

地域審議会の設置期間は、建設計画の期間に合わせて2013年までとしており、地域審議会の会議は、町長の招集により年に2回以上開催することとし、議長は、委員の互選によって選出された会長が務めることとしている。

地域審議会の任務は、①新町建設計画の変更に関する事項、②新町建設計画の執行状況に関する事項、③地域振興のための基金の活用に関する事項、④新町の基本構想の作成及び変更に関する事項、⑤その他町長が必要と認める事項の5項目について、町長の諮問に応じて審議することである。また、必要と認める事項について審議し、町長に意見を述べることもできるとされている。

合併前の旧町村の意思を反映させる機関としての精力的な活動を期待したい。

〔注〕
1) 2003年4月1日の合併を目標に協議を進めている静岡市と清水市を念頭においた緩和とされる。なお、政令指定都市への移行過程については、

あさぎり町

3981件の応募の中から候補を絞り込み、中球磨5か町村でも、新町名として、つくば市、ひたちなか市、あきる野市、さいたま市などに続く、ひらがなの自治体名「あさぎり町」を選んだ。

拙稿「政令指定都市移行の行政過程」(『法学政治学論究』第28号、1996年)に詳述してあるので、参考にされたい。

おわりに

　本書の刊行は、2001年4月に三重県四日市市から移管された四日市大学地域政策研究所の活動のささやかな一歩である。

　本研究所は、これまでの大学で多くみられるように研究者の視点・関心から調査・研究を実施するのではなく、できるかぎり地域のニーズに即していこうという立場をとっている。それは、本学が地域の強い要望により四日市市との公私協力という形で設置されたという特殊な経緯もあり、また、地域問題を扱う研究者にとっても、地域における現実的な課題と向き合って研究活動を続けていくことが今日の時代に不可欠なことであるという共通認識がある。この4月に研究所が本学に移管されて以来、わずか半年のあいだで三重県をはじめ多くの市町から、20件近い共同研究・委託研究等を受け、着手することができた。その多くは、県から市町村への分権、市町村合併、政策評価など、まさに地方分権の時代をむかえた今、地域にとって重要な課題であり、われわれ研究者にとっても積極的に取り組まなければならないテーマである。本書の研究成果も地域との共同研究の産物であり、研究を委託していただいた地方自治体と共有の財産であると捉えている。本研究所は、緒についたばかりであるが、今後も地域との連携をはかりながら、調査研究を進め、地域社会、さらには全国に情報発信をしてゆく所存である。

　本書の刊行にあたって、多くの方々のご協力をいただいた。なかでも本研究所の所長であり、本学の理事長・学長である宗村南男先生には、これからの大学における研究所のあり方、今後の方向性について常々教示いただき、私たちが研究活動に専念することのできる環境をあたえていただいたことに、感謝とお礼の気持ちを述べたい。また、この研究を進めるにあたって、日頃から多大の助言をいただいている本学副学長永戸正生教授にも感謝したい。本学教学部長の植田栄二教授にも日頃からのご指導に感謝する次第である。さらに、研究者のわがままに耳を傾け、常に支援していただいている本学の事務局長であり、研究所の事務責任者をも兼務していただいている早川耕平理事に心から感謝したい。

　最後に、本書ができあがるまでにひとかたならぬご助言、ご尽力をいただいたイマジン出版株式会社片岡幸三氏、青木菜知子氏に心からお礼を申し上げたい。お二人の忍耐強い励ましがなかったならば、本書が世に出ることはなかったであろう。

2001年10月
丸山　康人

著者紹介

編著者
丸山　康人（まるやま　やすひと）　はじめに、第1章、おわりに
四日市大学地域政策研究所副所長
同大学総合政策学部教授

1956年生。早稲田大学大学院博士前期課程修了。明治大学大学院博士後期課程単位取得。四日市大学経済学部助教授、教授を経て現職。専門分野は、地方自治論。著書に『都市計画と地方自治』（敬文堂、共著）など。

稲沢　克祐（いなざわ　かつひろ）　第2章、第8章
四日市大学総合政策学部助教授

1959年生。東北大学大学院博士前期課程中退。群馬県庁を経て現職。専門分野は、地方財政論、行政改革。著書に『財政基盤の確立と会計制度』（東京法令出版、共著）など。

福島　康仁（ふくしま　やすひと）　第4章
四日市大学地域政策研究所専任講師

1964年生。日本大学大学院博士後期課程単位取得。㈶行政管理研究センターを経て現職。専門分野は、行政学。著書に『変動期の公的規制』（行政管理研究センター、共著）など。

原田　晃樹（はらだ　こうき）　第5章、第6章
四日市大学総合政策学部専任講師

1967年生。明治大学大学院博士前期課程修了。四日市地域政策研究所を経て現職。専門分野は、地方自治制度論、都市行政学。著書に『介護保険と地方自治』（敬文堂、共著）など。

小林　慶太郎（こばやし　けいたろう）　第3章、第7章、第9章
四日市大学地域政策研究所専任講師

1969年生。慶應義塾大学大学院後期博士課程単位取得。㈶地方自治研究機構を経て現職。専門分野は、地方自治論、政治学。著書に『地方自治の実証分析』（慶應義塾大学出版会、共著）など。

自治・分権と市町村合併

発行日	2001年11月5日
	2002年5月15日　第2刷
編著者	丸山　康人
発行人	片岡　幸三
印刷所	今井印刷株式会社
発行所	イマジン出版株式会社

〒112-0013　東京都文京区音羽1-5-8
電話 03-3942-2520　Fax 03-3942-2623

ISBN4-87299-274-1　C2031　￥2200E

乱丁・落丁の場合は小社にてお取替えいたします。

イマジン出版の図書出版案内

〒112-0013　東京都文京区音羽1-5-8
TEL 03(3942)2520　FAX 03(3942)2623

自治関係図書

自治体財政はやわかり
わかりやすく自治体財政を読み解く
財政の初歩からバランスシートの作成まですぐわかる
— 予算・決算、バランスシートから行政評価の作成まで —
兼村高文(明海大学教授)　星野泉(明治大学助教授)著
定価2,500円＋税　A5判・256頁

- 自治体予算の役割と仕組み、決算の読み方、会計の仕組みと改革の方向、内部監査・外部監査の現状や課題を解説。
- 自治体予算の診断方法や財政運営の分析、バランスシートの読み方と作り方、行政評価・政策評価の意味と目的、使い方などを解説。

2001年版 地方自治体新条例集
分権時代の条例づくり、全国112条例を収録
自治体議会政策学会監修　イマジン自治情報センター編集
定価5,000円＋税　A5判・416頁
全国の自治体が'00年中に制定した先進的・特徴的な各種条例をまちづくり・福祉・環境など分かりやすく政策的に分類収録・政策展開に必携の図書。

既刊　1999年版 地方自治体新条例集
　　　　2000年版 地方自治体新条例集

パリッシュにみる自治の機能
イギリスの自治体(パリッシュ)を初めて解説
—— イギリス地方自治の基盤 ——
竹下譲(神奈川大学教授)著　定価2,500円＋税　A5判・274頁

- イギリスの住民自治・議会制民主主義の原点"パリッシュ"をわかりやすく紹介。
- 「パリッシュは、イギリスの本物の地方自治を最高に実践している自治体である。パリッシュが手にした自治は、みずからの手で獲得してきたもの‥‥。」(本書より)

世界の地方自治制度
イギリス・フランス・イタリア・ドイツ・アメリカ・デンマーク・フィンランド・ノルウェー・韓国
竹下譲(神奈川大学教授)著　定価2,200円＋税　A5判・242頁

- 分権時代に知っておきたい世界の自治制度を一冊にまとめた編集。
- 住民との合意づくりのヒントが多数掲載。自治体関係者必読の書。
- 韓国地方議会発展研究院より、韓国でも翻訳版として発刊、自治体関係者に好評。

環境自治体ISO14001をめざして **改訂版**
自治体における環境マネジメントシステムガイドブック
(財)東京市町村自治調査会著　イマジン自治情報センター編集
定価2,200円＋税　A5判・200頁

- 自治体のISO14001の取得に関する初めての自治体関係者向け実務書。ISO14001を取得した最新の自治体の実例を収録掲載。

自治体の政策を集めた定期刊行情報誌

自治体情報誌 D-file [ディーファイル]

- 58の全国紙・ブロック紙・地方紙から自治体関連記事を収録。実務に役立つよう35項目に分類、編集。
- 自治体の最新の動向や新たな事業・施策・施設などの自治体関係者の必須情報が掲載。政策づくりに必携の図書。

○月2回刊行(年22冊)1・8月は月1回
○A4判・100ページ前後
○各号の収録記事総数300以上

見本誌贈呈中

自治体情報誌 D-file [ディーファイル] 別冊
2001年 Vol.7 (秋号)

Beacon Authority ビーコン オーソリティー　実践自治

- 自治体の最新施策の事例と政策評価や、施策・条例の詳細を独自に収集！各自治体の取り組みを調査・整理。
- 実務・政策の企画、立案に役立つよう編集。
- 地域・自治体の動きアラカルトなど、D-ファイルの使い勝手を一層高めました。

○年4回刊行　3月・6月・9月・12月各月15日発行
○A4判・80ページ

自治体情報誌[ディーファイル]ご購読価格(税・送料込)

- □ 1年間定期購読　55,000円(26冊)
- □ 半年間定期購読　30,500円(13冊)
- □ 月払購読　【ディーファイル】5,000円(1・8月3000円)
　　　　　　　【実践自治 ビーコンオーソリティー】1,250円(3・6・9・12月)

ご購入は政府刊行物取扱店及び書店または下記へお申し込みください。

〒102-0013
東京都千代田区麹町2-3-9-501　**イマジン自治情報センター**
TEL.03-3221-9455
FAX.03-3288-1019

インターネットでのご注文は http://www.imagine-j.co.jp/